Mirco Becker

101 historische Orte in Frankfurt

Mirco Becker

101 historische Orte in Frankfurt

societäts\verlag

1. Auflage

Satz: Bruno Dorn, Societäts-Verlag
Umschlaggestaltung: Julia Desch, Societäts-Verlag
Druck und Verarbeitung: Florjancic Tisk d.o.o
Printed in EU 2023
ISBN 978-3-95542-472-5

Besuchen Sie uns im Internet:
www.societaets-verlag.de

FSC
www.fsc.org
MIX
Papier | Fördert gute Waldnutzung
FSC® C106954

Druckprodukt mit finanziellem
Klimabeitrag
ClimatePartner.com/17357-2401-1003

INHALT

Vorwort

Liebe Leserinnen und Leser,

ehrlich gesagt, ist es ganz schön schwer, Frankfurt am Main mit seiner mehr als tausendjährigen Geschichte in 101 historische Orte zu packen. Zu viel gibt es einfach zu erzählen und zu entdecken.

Bei meinen Recherchen habe ich oftmals gestaunt – vieles hat sich verändert. So zum Beispiel das Areal rund um das ehemalige Albert-Schumann-Theater im Bahnhofsviertel. Ein unglaublicher Bau, der den Zweiten Weltkrieg in großen Teilen überstanden hatte – und dann doch abgerissen wurde.

Oder die Kleinmarkthalle, die in einer riesigen dreischiffigen Halle untergebracht war und nach den Luftangriffen im Zweiten Weltkrieg an anderer Stelle neu aufgebaut wurde. Neu waren auch die Türme der Stadt – zum Beispiel das Zürich-Haus, das über Jahrzehnte hinweg Geschichte schrieb. Doch was blieb davon übrig?

Ich wollte euch nicht nur die Geschichte dieser Orte erzählen, sondern ebenfalls die Kontraste der Zeit aufzeigen – wie sah es damals aus, wie heute? Diese Antworten erfahrt ihr auf den folgenden Seiten. Vieles ist anders, doch manches blieb gleich.

»101 historische Orte in Frankfurt« – ein Buch für zu Hause, aber auch für unterwegs. Einpacken und durch Frankfurt ziehen, dabei auf Zeitreise gehen und zeitgleich die Gegenwart entdecken. Ein großes Abenteuer in einer Stadt, die nie stillsteht und die an jeder Ecke so viel Spannendes zu erzählen hat. Lest und seht selbst.

Ganz viel Spaß dabei,
Mirco

01

Die Geschichte der Alten Brücke und die der Stadt Frankfurt sind eng miteinander verwoben. Bereits im Jahr 1222 wurde die erste Mainüberquerung erstmals urkundlich erwähnt. Auch wenn sie vermutlich ein ganzes Stück älter ist, genau datieren lässt sich der Bau der Ursprungsbrücke nicht.

Wahrscheinlich gab es bereits im 12. Jahrhundert eine hölzerne Mainüberquerung, die im Laufe der Jahrhunderte mindestens 18 Mal zerstört und wieder neu aufgebaut wurde. Sie verbindet seit Jahrhunderten Sachsenhausen mit der einst wichtigen Fahrgasse, die eine der Hauptverkehrsadern war.

Doch die Alte Brücke war nicht nur wichtig für den Austausch von Waren, sondern war ebenso lange Zeit als Hinrichtungsstätte bekannt. Zumeist nachts wurden hier Strafen vollstreckt, Menschen an Armen und Füßen zusammengebunden und in den Main geworfen – Tod durch Ertrinken nannte man das.

Zuvor waren sie in einem der beiden Brückentürme eingesperrt, die einst genauso zum baulichen Bestand gehörten wie die Brückenmühlen – die versorgten unter anderem Sachsenhausens Gärtnereien mit Mainwasser. Weniger bekannt sind eine frühere Kapelle und auch ein Rattenhäuschen, denn im 15. Jahrhundert kam es zu einer größeren Rattenplage. Jeder, der hier eine Ratte ablieferte, soll einen Heller als Belohnung erhalten haben. Die Jahrhunderte hingegen überstanden haben, wenn auch nicht mehr im Original, der Brickegickel und das Denkmal Karls des Großen.

Ab 1912 wurde die Brücke neu gebaut, doch durch den Ersten Weltkrieg verzögerte sich der Weiterbau, erst 1926 konnte die »Neue Alte Brücke« eingeweiht werden. Kurz vor Ende des Zweiten Weltkriegs wurde sie dann von der Wehrmacht gesprengt, nach dem Zweiten Weltkrieg folgte ein rascher Wiederaufbau, um den Warenverkehr zwischen Sachsenhausen und Frankfurt sicherzustellen.

Diese Brücke hat schon vieles erlebt

Alte Brücke
—> Alte Brücke,
60547 Frankfurt

1911

02

unbekannt

Mit der Pferdebahn hinüber

Untermainbrücke
—> Untermainbrücke, 60311 Frankfurt

Brücken gibt es einige in Frankfurt – die Untermainbrücke war bereits die vierte Mainbrücke, doch neben der Alten Brücke erst die zweite Straßenbrücke. Zwischen 1872 und 1874 entstanden fünf schmiedeeiserne Fachwerkbögen, die sich über den Fluss spannten. Insgesamt war die Untermainbrücke etwas mehr als 250 Meter lang und knapp 20 Meter breit.

Auch eine Pferdebahn befuhr ab 1896 die Brücke – aber nur für wenige Jahre. Denn diese Straßenbahnlinie war eine der ersten in Frankfurt, die ab 1899 elektrifiziert betrieben wurde.

Nach Machtergreifung der Nationalsozialisten hieß die Brücke ab 1933 »Adolf-Hitler-Brücke« und wurde am 26. März 1945 von einem Sprengkommando der Wehrmacht gesprengt. Das war allerdings ein sinnloses Vorhaben, denn kurz darauf rückten die US-Soldaten ein und beendeten den NS-Terror in Frankfurt.

Bereits Ende 1945 wurde die Untermainbrücke mit einer provisorischen Holz-Stahl-Konstruktion repariert und zumindest für den Fußgängerverkehr nutzbar gemacht. Ab 1948 erfolgte der »richtige« Wiederaufbau; fortan konnten alle relevanten Verkehrsmittel die Brücke wieder nutzen.

Und die Straßenbahn? Die fuhr noch bis 1984 über die Brücke, wurde dann aber eingestellt. Kurze Zeit später musste die Brücke aufgrund der inzwischen aufgetretenen Bauschäden vollständig erneuert werden. Der gesamte Brückenträger wurde abgetragen und neu erbaut. In einer Kombination aus Alt und Neu: Die Bögen und das Sandsteingeländer wurden historisch getreu rekonstruiert, doch dazwischen spannt sich eine moderne Balkenbrücke in Stahl-Beton-Verbundbauweise.

03 Das politische Zentrum der Stadt

Römer
—> Römerberg 23,
60311 Frankfurt

Er ist wahrscheinlich das Wahrzeichen der Stadt – der Römer, der auch dem Römerberg seinen Namen gibt. Er ist das zweite Rathaus der Stadt, nachdem ein Vorgängerbau im 15. Jahrhundert zu klein geworden war – diese Flächen sind heute übrigens mit dem Domturm überbaut.

Aber zurück zum Römer: Der Rat der Stadt kaufte 1405 zwei repräsentative Bürgerhäuser mit den Namen »Römer« und »Goldener Schwan« und ließ sie zum neuen politischen Zentrum werden. Über rund fünf Jahrhunderte hinweg wurde der Rathauskomplex durch Zukäufe der umliegenden Häuser immer

ca. 1870

größer und im Inneren baulich miteinander verbunden.

Ende des 19. Jahrhunderts kam es zu einem größeren Neubauvorhaben, welches das Äußere der Anlage bis heute prägt. Hinzu kam unter anderem ein Erweiterungskomplex neben der Paulskirche, der durch eine Brücke mit den bisherigen Häusern verbunden wurde. Aber auch der markante Rathausbalkon am Römerberg stammt aus dieser Zeit.

Bei den Luftangriffen im Zweiten Weltkrieg wurde das Ensemble großflächig zerstört. Im Nachgang erfolgte der Wiederaufbau, teilweise wurden die historischen Fassaden rekonstruiert, teilweise entstanden aber auch äußerliche Neuschöpfungen im 50er-Jahre-Stil.

Was das Rathaus über all die Jahrhunderte hinweg jedoch immer blieb: das politische Zentrum der Stadt. Aber auch ein markanter Bau, der immer wieder gerne als beliebte Kulisse für Film, Fernsehen oder auch Hochzeiten genutzt wird.

ca. 1900

Ähnlich wie bei der Dippemess geht auch der traditionelle Weihnachtsmarkt auf eine jahrhundertealte Tradition zurück – und auch hier lag der frühere Fokus deutlich anders als heute.

Denn der Weihnachtsmarkt vergangener Tage, der oft auch als Christkindchesmarkt bekannt war, war nicht für Glühwein trinken und Crêpes verspeisen gedacht. Stattdessen sollte sich die Bevölkerung mit dem notwendigsten für die kalten Wintermonate eindecken.

Anders jedoch als bei den (Dippe)messen im Frühjahr und Herbst, bei denen alle möglichen Gegenstände von Händlern aus allen Ecken der Welt verkauft werden konnten, durften das beim Weihnachtsmarkt nur Kaufleute aus der Stadt.

Was der Weihnachtsmarkt jedoch mit den Messen der Stadt gemeinsam hatte: Im 19. Jahrhundert verschob sich auch sein ursprünglicher Fokus immer weiter – und er näherte sich immer mehr der heutigen Form an. Es wurde zum Brauch, Christbäume aufzustellen und zu schmücken. Kleine Verkaufsstände für Lebkuchen und andere Konditorware kamen auf.

Früher alljährlich auf dem Römerberg, fand der Weihnachtsmarkt wegen der Zerstö-

Eine lange Tradition

Weihnachtsmarkt
—> Römerberg,
60311 Frankfurt

04

rungen der Altstadt 1944 sowie auch wegen der von Bauarbeiten der U-Bahn – als sich der Römerberg in eine tiefe Baugrube verwandelte – an wechselnden Orten in Frankfurt statt.

All das ist aber lange her. Seit vielen Jahren schon ist der Weihnachtsmarkt zurück an seinem ursprünglichen Platz und gehört seit vielen Jahrzehnten zu den größten in Deutschland – beliebt bei Alt und Jung.

05 Prachtvoller Bürgerbau

Salzhaus
—> Römerberg 27,
60311 Frankfurt

Das historische Salzhaus an der Ecke Römerberg/Paulsplatz gehörte einst zu den bekannteren Gebäuden der Frankfurter Altstadt und ist heute Teil des Römer-Rathauskomplexes.

Ursprünglich entstand der Bau bereits um 1600 – mit einer reichen Schnitzfassade an der Giebelseite, womit das Salzhaus nicht nur kunsthandwerklich als das mit Abstand bedeutsamste Bürgerhaus der Stadt galt, sondern auch weitaus größeren Ruhm auf sich zog. Es ist sogar die Rede davon, dass der Bau eine der größten Leistungen der Renaissance darstellte. Doch viel ist davon – zumindest vor Ort – nicht mehr übrig.

Bei den Luftangriffen im Zweiten Weltkrieg wurde die Altstadt mehrfach stark getroffen; vor allem die Bombenangriffe am 22. März 1944 sorgten für weitreichende Zerstörungen.

ca. 1860

Erhalten blieb vom Salzhaus nur noch der Sockel, die Geschosse darüber wurden in den 1950er Jahren in der damals simplen Architektursprache verändert wiederaufgebaut.

Immer wieder kam und kommt es auch heute noch zu Diskussionen in der Bevölkerung, ob eine originalgetreue Rekonstruktion dem alten Bau nicht eher angemessen wäre. Dies wird vor allem dadurch immer wieder befeuert, dass bereits vor den Luftangriffen alle abnehmbaren Relieftafeln des Salzhauses eingelagert wurden – und bis heute eingelagert sind. Dagegengehalten wird, dass das »neue Salzhaus« zu den frühen 50er-Jahre-Bauten zählt, die aufgrund der wenig vorhandenen Mittel eine Meisterleistung darstellen.

06

Der einstige Dienstsitz des Oberbürgermeisters

Langer Franz
—> Bethmannstraße 5,
60311 Frankfurt

Der »Lange Franz« entstand im Zuge eines durchaus ehrgeizigen Erweiterungsprojekts des Römer-Rathauskomplexes zwischen 1900 und 1908 nach den Entwürfen der Frankfurter Architekten Ludwig Neher und Franz von Hoven – wofür sogar ein gesamtes mittelalterliches Stadtviertel abgebrochen wurde!

Die Türme des Neubaus waren im damaligen Stadtbild weithin sichtbar und markierten so die Position des Rathauses. Mit seinen rund 70 Metern Höhe war der »Lange Franz« immerhin der seinerzeit höchste Profanbau der Stadt – optisch erinnerte er an den 1765 abgebrochenen Turm der Alten Brücke.

Und auch der Name hatte Bedeutung: Namensgeber war der hochgewachsene Oberbürgermeister der damaligen Zeit – Franz Adickes. Der lenkte von 1891 bis 1912 die Geschicke der Stadt – bis heute Rekordhalter. Passend natürlich, dass dieser 1904 sein Büro hierher verlegte.

Doch auch der niedrigere Südturm des Rathaus-Erweiterungsbaus ließ sich von alten Bebauungen der Stadt inspirieren und griff Elemente des einstigen Salmensteinschen Hauses auf, welches früher Teil der Stadtbefestigung war und zu Beginn des 19. Jahrhunderts abgerissen wurde.

Bei den Luftangriffen 1944 wurde der Lange Franz stark

ca. 1905

beschädigt; anschließend wurde das vier Meter hohe Obergeschoss mit den Erkertürmchen abgetragen und durch ein bis heute existierendes Notdach ersetzt. Eine originalgetreue Rekonstruktion ist seit Jahrzehnten ein Thema – mittlerweile scheinen die notwendigen Mittel durch Spenden zusammen gekommen zu sein. Ein möglicher Wiederaufbau wird somit immer wahrscheinlicher.

ca. 1903

07

Der alte Krönungsweg

Markt
—> Markt,
60311 Frankfurt

Der Markt – er gehört zu den ältesten Straßen Frankfurts und existierte vermutlich bereits seit dem 12. Jahrhundert. Seine Daseinsberechtigung bestand in der Verbindung des Doms mit dem Römerberg. Doch seine Bedeutung hatte gleich mehrere Gründe.

Lief man den Straßenzug vom Dom abgehend entlang, so stieß man alle paar Meter auf wichtige Bauten wie auf das Haus zur Goldenen Waage, das Neue Rote Haus und den gegenüberliegenden Hühnermarkt. Auch das Steinerne Haus lag nicht fern; ganz zu schweigen vom Haus Großer und Kleiner Engel am westlichen Ende des Markts an der Ecke zum Römerberg. Doch auch unzählige abzweigende Straßen säumten den Weg, sodass die Lage die Ansiedlung von Handelsgeschäften begünstigte.

Bei den Wahl- und Krönungsfeierlichkeiten neuer Kaiser im Heiligen Römischen Reich ging hier zudem die Post ab – denn diese schritten nach der Zeremonie im Dom über den Markt in Richtung Römerberg und wurden entlang des Weges ordentlich vom Volk bejubelt.

Bei den Luftangriffen vom 22. März 1944 wurde die historische Altstadt zwischen Dom und Römer fast vollständig zerstört, davon betroffen war auch der Markt, dessen jahrhundertealte Bauten in Schutt und Asche versanken.

In der Zeit danach brachliegend, wurde in den 1970er Jahren schließlich das Technische Rathaus auf Teilen des Markts errichtet. Ein Bau, der durch seine markante Architektur zu den umstrittensten Gebäuden der Nachkriegszeit gehörte – und in den 2010er Jahren wieder abgerissen wurde.

Der Markt hingegen wurde im Anschluss rekonstruiert und soll so noch heute an die einst große Bedeutung dieser Meile erinnern.

Markanter Bau aus dem Mittelalter

ca. 1870

08

Steinernes Haus
—> Braubachstraße 9/Markt 44,
60311 Frankfurt

Auf den Flächen zweier Vorgängerbauten aus dem 13. Jahrhundert entstand um 1464 das Steinerne Haus am Römerberg. Als Bauherr galt Johann von Melem, der durch den Handel mit Stoffen und Edelsteinen zu großem Reichtum gekommen war. Das dazugehörige Areal war großzügig, sodass zum Steinernen Haus im hinteren Bereich weitere Fachwerkhäuser errichtet wurden. Diese wurden unter anderem als Unterbringungsmöglichkeit während der Messe oder bei Krönungsfeierlichkeiten genutzt.

Zu Beginn des 18. Jahrhunderts gründete sich eine Ganerbschaft, die das Steinerne Haus primär als Einnahmequelle sah und Räumlichkeiten vermietete. Hervorzuheben ist eine Kunstschule um 1750, deren bekannteste Schülerin vermutlich Cornelia Schlosser, Johann Wolfgang von Goethes Schwester, war.

Ende des 19. Jahrhunderts wurde die Altstadt mehr und mehr zum Armenviertel, Bauten verfielen und Straßendurchbrüche wurden zum Risiko vieler historischer Bauten. 1898 kam das Steinerne Haus in städ-

tische Hand. Kurz darauf, ab 1904, wurden beim Durchbruch der Braubachstraße mehr als einhundert historische Häuser niedergelegt – auch die Hinterhäuser des Steinernen Hauses waren davon betroffen.

Zu Beginn des 20. Jahrhunderts wurde das Steinerne Haus schließlich aufwendig renoviert und stilwidrige Einbauten aus den vergangenen Jahrhunderten entfernt. Nach den Zerstörungen im Zweiten Weltkrieg wurde das Steinerne Haus zwischen 1959 und 1962 für ca. 2,4 Millionen DM wiederaufgebaut. Somit waren eine Zeitlang das Steinerne Haus und das Goethe-Haus die einzigen Bürgerbauten der Altstadt, die rekonstruiert wurden.

Heute wird das Steinerne Haus vom Frankfurter Kunstverein genutzt.

09

unbekannt

Einzigartiger Fleck in Frankfurt

Fünffingerplätzchen
—> Altstadt,
60311 Frankfurt

Einst führten fünf enge Gassen zwischen Dom und Römer wie die Finger einer Hand zu einem kleinen Platz zusammen – dem Fünffingerplätzchen, das jahrzehntelang ein beliebtes Fotomotiv und Touristenziel war.

Zu den Ursprüngen gibt es unterschiedliche Theorien. Zum einen wird vermutet, dass sich auf dem Gelände des Platzes einst ein Tor der alten Frankfurter Königspfalz befand, auf das die Straßen strahlenförmig zugelaufen sind. Eine andere Theorie besagt, dass auf dem Gelände der Gassen ein weiterer großer Marktplatz ähnlich dem Römerberg angesiedelt war, der im frühen Mittelalter aus Platznot überbaut wurde. Abschließend geklärt ist die Ausgangslage damit nicht.

Was wir jedoch wissen: Die auf dem Platz umliegenden Bauten waren faszinierend; jahrhundertealt und in der Bauweise einzigartig. Zum Platz hin schmal wurden die Bauten in den zulaufenden Gassen immer ausragender. Viele von den Häusern am und in der Nähe des Platzes waren als Gaststätten und Kneipen beliebt – sowohl bei den zahlreichen Touristen als auch bei der Frankfurter Bevölkerung. Ein weiteres Merkmal war der Fleischer- oder Flößerbrunnen, der die Zeiten überdauert hat und heute in städtischen Magazinen eingelagert ist.

Bei den Luftangriffen im Zweiten Weltkrieg wurde dieser besondere Platz am 22. März 1944 vollständig zerstört und in den 1980er Jahren schließlich mit der allseits bekannten Schirn Kunsthalle überbaut.

Eine architektonische Meisterleistung

Neues Rotes Haus
—> Markt 17,
60311 Frankfurt

10

ca. 1910

Das Neue Rote Haus am Markt entstand vermutlich im 14. Jahrhundert. Warum es den Zusatz »Neu« trägt? Hausnummern gab es zu dieser Zeit noch nicht – die Namen von Bauten waren daher immens wichtig. Denn direkt in der Nähe stand bereits das Alte Rote Haus und auch auf der Zeil existierte zu dieser Zeit ein weiteres Rotes Haus.

Die Lage des Neuen Roten Hauses hätte nicht besser sein können. Es befand sich auf der Mitte des Markts, der vom Dom in Richtung Römerberg die führende Straßenmeile der Altstadt darstellte: Hier spielte sich das Leben ab. Nördlich des Baus lag der Hühnermarkt, südlich eröffnete sich die Gasse »Unter den Tuchgaden« und auch die »Lange Schirn« war direkt nebenan.

Doch nicht nur die Lage stach hervor, auch seine Architektur war einzigartig. Denn das Bauwerk bestand im Wesentlichen nur aus einer auf drei Eichenholzsäulen bestehenden Erdgeschosskonstruktion, die das Gesamtgewicht der darüberliegenden drei Stockwerke mittrug.

Dies machte den Bau zu einem Unikat in der gesamten deutschen Fachwerklandschaft

und er war weit über Frankfurts Grenzen hinaus eine beliebte und bekannte Attraktion. Über Jahrhunderte hinweg wurden hier die Frankfurter Würstchen verkauft.

Das Ende des Neuen Roten Hauses kam mit den Luftangriffen im März 1944. Überbaut wurde es in den 1970er Jahren mit dem Technischen Rathaus, das wiederum zwischen 2010 und 2012 abgerissen wurde.

Stattdessen wurde im Zuge des Dom-Römer-Projekts das Neue Rote Haus rekonstruiert und ist nun Teil der Neuen Frankfurter Altstadt.

ca. 1889

Die Frankfurter Altstadt war einst gesäumt von unzähligen kleinen, verwinkelten Gassen. Der Blick nach oben zeigte, wie tiefgehend die Häuserschluchten waren. Doch auch enge, stickige und schmutzige Gassen gehörten dazu. Hier tummelten sich nicht nur unzählige Menschen, sondern auch Mäuse und Ratten.

Eine besonders negativ herausstechen-

11

Diese Straße war die Hölle

Höllgasse

—> Höllgasse,
60311 Frankfurt

de, wenige Hundert Meter kleine Straßenmeile soll die frühere Höllgasse gewesen sein. Die sich eigentlich in bester Lage befand: nahe des Kaiserdoms, der über Jahrhunderte hinweg als Wahl- und Krönungsstätte diente und DIE Kirche der Stadt war. Ebenso nah und im krassen Kontrast zur Gasse: die Goldene Waage, einer der imposantesten Bauten inmitten der Altstadt, an der Ecke zur Höllgasse; errichtet um 1619 herum von dem durch Handel reich gewordenen Abraham van Hamel.

Während das Haus geräumig und zumindest in den Obergeschossen durch seinen Dachgarten lichtdurchflutet war und mit frischer Luft versorgt wurde, war es in der Gasse selbst für mittelalterliche Verhältnisse eng, extrem dunkel und so dicht bebaut, dass es dichter eigentlich gar nicht mehr ging.

Und scheinbar fühlte sich das für die Bewohner an wie in der Hölle – denn genau diese Bezeichnung kam zu Beginn des 15. Jahrhunderts auf.

Anfang des 20. Jahrhunderts wurde die Hölle dann »enthöllt«: Die gesamte Ostzeile der Gasse wurde niedergelegt, um mehr Raum für den vorgelagerten Domplatz zu schaffen. Dies führte dazu, dass die Goldene Waage und der Dom an dieser Stelle noch prägnanter in Erscheinung traten.

Noch heute existiert die Gasse, wenn auch weit weniger bebaut, als es früher einmal der Fall war – die Hölle ist es hier in jedem Fall nicht mehr.

Einst malerisch schön

Roseneck
—> Weckmarkt,
60311 Frankfurt

12

So malerisch schön das frühere Roseneck war – so tragisch sind seine Entstehungsgeschichte und auch sein Ende. Aber von vorne: Bevor das Roseneck entstand, befand sich hier bis ins 14. Jahrhundert hinein das älteste jüdische Wohnviertel der Stadt, mit etwa 60 Bewohnern.

Doch durch den Pogrom von 1349, ausgelöst vermutlich vor allem durch den Neid der restlichen Bevölkerung, wurde die jüdische Gemeinde restlos ausgelöscht, die Bauten anschließend neu vergeben.

So entstand in der Folgezeit auf dem Platz eine Hofanlage aus mehreren Gebäuden, die zu den umliegenden Gassen durch Tore verschließbar war. Rasch wurde die Anlage durch mehrere kleine Häuser nachverdichtet – bis der Rat der Stadt im 16. Jahrhundert einen Teil der Bauten abreißen ließ, um Platz zu schaffen für die Frankfurter Messe.

So kam es zum einstigen Roseneck, dessen Bauten in typischer Frankfurter Bauweise errichtet wurden – mit einem Erdgeschoss aus Sandstein und darüberliegenden herausragenden Fachwerk-Obergeschossen. Die steilen Satteldächer wurden mit Zwerchhäusern gekrönt; die Fassaden waren teilweise verschiefert.

Ab dem 19. Jahrhundert wurden die Häuser gastronomisch genutzt – auch durch die Binding-Brauerei.

Der Durchbruch als Touristenattraktion kam zu Beginn des 20. Jahrhunderts, nachdem etliche Bauten der Altstadt renoviert worden waren. Das Roseneck wurde zum beliebten Postkartenmotiv, bis die Luftangriffe von 1944 die Bebauung vollständig zerstörten.

Heute existiert an der Stelle eine Wohnanlage – der Wiederaufbau erfolgte in stark veränderter Form, um Wohnraum zu schaffen.

Einer von wenigen Bauten aus der alten Zeit

13

Leinwandhaus
—> Weckmarkt 17,
60311 Frankfurt

In unmittelbarer Nähe zum Dom entstand zwischen 1396 und 1399 auf den Flächen des ehemaligen jüdischen Viertels das Leinwandhaus als eines der wenigen profanen gotischen Gebäude der Stadt. Das Erdgeschoss diente als Messe und Markt, im oberen Stockwerk tagten diverse städtische Gremien.

Leinen, Garn, Flachs und Hanf waren außerhalb der Messezeiten im Leinwandhaus unterzubringen. Das Leinen musste während der Messe von einem »vereidigten Leinwandmesser« im Leinwandhaus gemessen werden und war bis ins 18. Jahrhundert eine wesentliche Einnahmequelle der Stadt. Danach wurde das Haus als Lagerstätte für städtische Vorräte wie Getreide, Mehl oder Salz genutzt, diente aber auch als Gefängnis und Kirche. Zu Beginn des 19. Jahrhunderts wurde es während der Koalitionskriege schließlich als Kaserne des französischen Militärs genutzt.

Doch die vielfältige Nutzung ging sogar noch weiter: Von 1857 bis 1889 tagte im Obergeschoss das Schwurgericht, im Erdgeschoss bezog die Zollverwaltung Räumlichkeiten; und auch als provisorisches Schlachthaus diente das Leinwandhaus einst.

Erst Ende des 19. Jahrhunderts kam es mit dem Einzug des Historischen Museums zu mehr Beständigkeit. Im Zweiten Weltkrieg wurde das Leinwandhaus stark beschädigt und blieb für Jahrzehnte als Bauruine stehen. Anfang der 1980er Jah-

ca. 1900

re erfolgte schließlich der Wiederaufbau – auch unter Einsatz historischer Bausubstanz.

Heute ist im Leinwandhaus die Galerie Caricatura Museum für Komische Kunst untergebracht und dient damit, wie auch das Steinerne Haus, primär der Frankfurter Kunstszene.

ca. 1936

14

Schon lange gastronomisch genutzt

Haus zum Storch
—> Saalgasse 5,
60311 Frankfurt

In direkter Nachbarschaft zum Leinwandhaus und dem Frankfurter Dom mit der Hausanschrift Saalgasse 1 existierte einst das historische »Haus zum Storch«. Ein solcher Bau wurde bereits erstmals 1317 urkundlich als Haus »Storcken« erwähnt. Anfang des 16. Jahrhunderts hatte der Kaufmann Domenicus Bocher hier sein Geschäft untergebracht und dafür im Haus verschiedene Tücher, Farbwaren und Wollen gelagert.

Im 17. Jahrhundert war das Haus im Besitz einer anderen Familie. Aber auch die nutzte es nur gewerblich und richtete darin einen Groß- und Auslandshandel mit Tabak und Gewürzen ein. 1704 sollten die Eigentümer erneut wechseln und dieser Wechsel hatte schließlich Auswirkungen bis in die Gegenwart hinein. Denn vielen wird in Frankfurt auch heute noch ein »Haus zum Storch« bekannt sein.

Fortan besaß also der Pfarrerssohn Vincenz Assum das »Haus zum Storch« und richtete noch im gleichen Jahr einen Weinausschank darin ein. Es war der Wendepunkt des Hauses hin zu einer gastronomischen Zweckdienlichkeit – und die ist ihm bis heute geblieben.

Bei den Luftangriffen im Zweiten Weltkrieg wurde der Bau 1944 zwar völlig zerstört, 1953 erfolgte jedoch nur wenige Meter entfernt ein Neubau, wenngleich auch diesmal im Stil der 1950er Jahre. Das Haus ist aber weiterhin als »Haus zum Storch« bekannt, beherbergt nach wie vor ein Restaurant und knüpft so an die frühere Geschichte des Baus an.

Wohnen und Arbeiten an einem Ort

ca. 1910

Bendergasse
—> Bendergasse,
60311 Frankfurt

Alt ist sie, die Bendergasse. Bereits im 13. Jahrhundert entstand die Straßenmeile, die zwischen Dom und Römerberg an zentraler Stelle lag und so zu den ältesten Flächen der Stadt gehört. Über die nächsten Jahrhunderte entwickelte sich hier eine dichte Bebauung mit mehrstöckigen und weit auskragenden Fachwerkhäusern. Eine Straße, wie sie typischer für das alte Frankfurt nicht hätte sein können.

Der Name der Gasse rührt vom Handwerk, das hier durchgeführt wurde. Es war gang und gäbe, Menschen nach ihren Berufsgruppen bzw. in ihren Zünften an einem Ort zu konzentrieren. Sozusagen Umweltvorschriften im Mittelalter-Stil: Jedes Handwerk, das mit Lärm, üblen Gerüchen und besonderen Abfällen oder Wasserverunreinigungen zu tun hatte, wurde eben einer Gasse zugewiesen. So lebte und arbeitete man zugleich an einem Ort. Sparte man sich wenigstens weite Wege.

Als zu Beginn des 20. Jahrhunderts immer mehr Altstadtstraßen und -bauten renoviert wurden, entwickelte sich Frankfurt zu einer wahren Touristenattraktion. Auch die Bendergasse war als Fotomotiv ein beliebter Ort; unter anderem, weil hier die Scharnhäuser zu finden waren. Die Besonderheit:

15

Die Erdgeschosse waren weitestgehend aufgelöst und es existierte ein Durchgang zur benachbarten Saalgasse.

Bei den Luftangriffen im Zweiten Weltkrieg wurde die Bendergasse ebenso wie weite Teile der Altstadt zerstört. Mit dem Bau der Schirn Kunsthalle in den 1980er Jahren wurde eine neue Bendergasse angelegt. Viel gemein mit der früheren hat diese allerdings nicht.

Die Braubachstraße entstand bei einem Straßendurchbruch durch die Altstadt zwischen 1904 und 1906. Ihren Namen erhielt sie in Anlehnung an den Braubach, dessen Weg sie im ungefähren Verlauf nachzeichnet. Eine weitere Besonderheit ist, dass sie in einer S-Kurve gestaltet wurde – dies geht auf die Idee zurück, so

Eine nicht ganz so alte Altstadt-Straße 16

Braubachstraße
—> Braubachstraße,
60311 Frankfurt

eine ideale Blickführung entlang der Häuserfronten zu schaffen.

Im Gegensatz zu den damals üblichen Straßendurchbrüchen markierte die Entstehung der Braubachstraße sogar einen Wendepunkt. Erstmals wurden tiefgreifende Veränderungen im ältesten Stadtkern Frankfurts vorgenommen: Hunderte historische Häuser, teils aus dem Mittelalter, wurden niedergelegt.

Doch die damaligen Planer sahen den Durchbruch als unabdingbar. Durch das Wachstum der Stadt entstanden neue Viertel, die von der Frankfurter Oberschicht bebaut und schließlich bewohnt wurden. Während die Altstadt zunehmend ihren Glanz verlor und zum Armenviertel der Stadt wurde, ging der Trend in Richtung neuer Stadtteile wie des Westends. Als Kompromiss galt der Bau von Straßen, da diese nun den Altstadtkern mit den neuen Stadtvierteln verbanden.

Während bereits 1904 die Straßenbahn durch die neue Braubachstraße fuhr, verzögerte sich die Bebauung drum herum aufgrund des Ersten Weltkrieges. Ein Vorteil der hier genutzten steinernen Materialien: Die Bauten kamen später weit weniger zerstört durch den Zweiten Weltkrieg als der Rest der Altstadt. Über die Jahre hinweg war die Straße durch die unterschiedlichsten Architekturstile geprägt. Mit dem Bau des Technischen Rathauses in den 1970er Jahren mussten weitere Häuser weichen, einige wurden im Zuge des Dom-Römer-Projektes jedoch wiedererrichtet.

ca. 1902

Der einst größte Handelshof der Stadt

Nürnberger Hof
—> Braubachstraße 33,
60311 Frankfurt

Die einstige Bedeutung des Areals an der heutigen Braubachstraße 33 ist kaum noch nachzuvollziehen. Und doch befand sich hier für viele Jahrhunderte der größte Handelshof der Stadt: der sogenannte Nürnberger Hof, der von

17

Nürnberger Kaufleuten betrieben wurde und auch darüber hinaus durch prominente Gäste wie Kaiser Friedrich III. auf sich aufmerksam machte. Auch tagte hier die gleichnamige Fraktion der Frankfurter Nationalversammlung.

Im Inneren des Nürnberger Hofes existierte eine kleine Gasse, die sich in der Mitte durch zwei Torgebäude zu einem zusätzlichen Platz erweiterte. Um den Außenbereich gruppierten sich weitere zur Anlage gehörende Bauten; durch zwei Torbögen konnte der Hof von der einstigen Schnurgasse und der Gasse Hinter den Lämmchen betreten werden.

Interessant ist auch, dass sich das Anwesen aus zwei früher eigenständigen Hofanlagen entwickelte. Eine davon war der Glauburghof, der im 13. Jahrhundert als Stammsitz der wohlhabenden Frankfurter Familie Glauburg diente und mit dem Schmidthof ab 1485 zu einer großen Hofanlage vereint wurde.

Noch vor dem Ersten Weltkrieg wurde der Komplex 1904 allerdings durch den Straßendurchbruch der Braubachstraße größtenteils zerstört. Die Luftangriffe im März 1944 taten dann ihr Übriges. Das, was anschließend noch vom einst großen Nürnberger Hof vorhanden war, wurde schließlich mit dem Bau der Berliner Straße in den 1950er Jahren niedergelegt. So sind heute nur noch die beiden Tordurchfahrten zum inneren Hof erhalten geblieben, die optisch zwar wie Fremdkörper wirken, aber gleichzeitig auch an den Ursprung des Areals erinnern.

18 Die Wiege der Demokratie

Paulskirche
—> Paulsplatz 11,
60311 Frankfurt

ca. 1900

Kein anderer Bau in Frankfurt hat eine solch nationale Strahlkraft wie die Paulskirche. Heute ist sie ein Ausstellungs-, Gedenk- und Versammlungsort – aber ganz im Ursprung vor allem eins: eine Kirche.

1789 gingen die Bauarbeiten los; erst 1833 war der Bau dann fertiggestellt. Dazwischen: Krieg, politisch unklare Situationen und ein dadurch entstehender, rund 30-jähriger Baustopp. So hatten sich die Planer das nicht gedacht, als zuvor das alte, baufällige Barfüßerkloster aus dem Mittelalter abgerissen wurde.

Doch wie dem auch sei: 1833 war der Bau nun fertig und diente zeitweise als evangelische Kirche. Aber auch die Delegierten der Frankfurter Nationalversammlung nutzten den Bau zwischen 1848 und 1849 als Tagungsstätte. Die zählt immerhin als erste Volksvertretung für ganz Deutschland und als frühes Symbol der deutschen Demokratiegeschichte.

Durch die Luftangriffe am 18. März 1944 veränderte sich

die Gestalt der Paulskirche immens. Die Innenausstattung wurde weitestgehend zerstört, der Wiederaufbau erfolgte innen wie außen stark vereinfacht.

Doch es war eben dieser Bau, der als erstes historisches Gebäude in Frankfurt mit Hilfe von Spenden aus allen deutschen Bundesländern bis 1948 rekonstruiert wurde – und dessen Strahlkraft trotz optischer Veränderungen als Wiege der Demokratie bis heute spürbar ist.

19

Die Neue Kräme bildet eine der ältesten Anlagen Frankfurts ab – bereits seit dem 12. Jahrhundert gilt sie als eine der wichtigsten Straßenmeilen der Altstadt und verbindet den allseits bekannten Römerberg mit dem Liebfrauenberg. Und nicht nur das: Seit einem Straßendurchbruch um 1855 verlängerte sie sich auch in Richtung Zeil.

Wie damals üblich, lässt auch hier die Straßenbezeichnung darauf schließen, dass sie während der Messe als Marktplatz für Geschirr und Gläser genutzt wurde. Der nahe gelegene Römer hingegen diente als zentrale Messehalle.

Das städtebauliche Umfeld veränderte sich im 19. und 20. Jahrhundert immens. So entstanden westlich der Neuen Kräme bis 1833 die Paulskirche sowie ein neuer repräsentativer Platz; dazwischen ein weiteres wichtiges Gebäude: der erste Börsenbau der Stadt.

Zwischen 1904 und 1906 wurde die Braubachstraße durch die Altstadt gebrochen, von der die Neue Kräme abzweigte und für die unzählige historische Gebäude niedergelegt wurden.

Eine weitere Besonderheit der Neuen Kräme: Bei den Luftangriffen vom 22. März 1944 wurde sie im Vergleich zu anderen Ecken der Altstadt nicht vollständig zerstört; einige massivere Geschäftshäuser aus der Gründerzeit blieben bestehen.

In der Nachkriegszeit wurde mit der Berliner Straße anstelle der schmalen Schnurgasse eine weitere große Achse durch die Altstadt gebrochen, welche die Neue Kräme ebenso kreuzt. Heute bildet die Neue Kräme die Ostseite des vergrößerten Paulsplatzes.

Seit 1968 ist die Meile eine Fußgängerzone und zudem eine wichtige Einkaufsstraße mit diversen Fachgeschäften – im Sommer umzäunt von Straßencafés, im Winter tobt hier der Weihnachtsmarkt.

Eine anekdotische Meile

Neue Kräme

—> Neue Kräme,
60311 Frankfurt

1904

Die Berliner Straße, wie beispielsweise auch die Kurt-Schumacher-Straße, entstand zu Beginn der 1950er Jahre im Rahmen der modernen Neubebauung der bei den Luftangriffen im Zweiten Weltkrieg zerstörten Frankfurter Altstadt.

Eine Straße aus den 1950er Jahren

Berliner Straße
—> Berliner Straße,
60311 Frankfurt

20

Mit der breiten Berliner Straße sollte die Erschließung der dort neu entstehenden Wohnhäuser im Sinne einer autogerechten Stadt sichergestellt werden.

Der Straßendurchbruch stellte einen weiteren im Gebiet der Altstadt dar, nachdem bereits zwischen 1904 und 1906 die Braubachstraße angelegt worden war.

Die Straße folgt im östlichen Abschnitt der alten Schnurgasse, wurde jedoch um ein Vielfaches breiter als die zuvor existierende enge Gasse gestaltet. Dabei wurden erhaltene historische Altstadtgebäude wie unter anderem Teile des Nürnberger Hofs abgerissen. Der westlich der Neuen Kräme gelegene Teil wurde ohne Berücksichtigung des bisherigen Straßengrundrisses geschaffen.

Nach rund 15 Monaten Bauzeit war die neue Straße fertiggestellt; die Einweihung erfolgte am 16. November 1953. Zunächst als Straße an der Paulskirche bezeichnet, benannte man sie bereits 1955 in Berliner Straße um. Die bisher letzte größere Veränderung der Berliner Straße erfolgte 1973 mit der Eröffnung des Theatertunnels, für dessen Anschluss am westlichen Ende der Straße eine lange Rampe errichtet wurde.

Im Jahr 2022 wurde die Berliner Straße von jeweils zwei Streifen je Fahrtrichtung auf nur noch einen Streifen je Fahrtrichtung verengt, gleichzeitig wurde ein Radweg in beiden Richtungen am Fahrbahnrand ergänzt.

ca. 1873

21

Früher einer der wichtigsten Plätze der Stadt

Liebfrauenberg
—> Liebfrauenberg,
60547 Frankfurt

Der Liebfrauenberg war im Mittelalter nicht nur einer der bedeutendsten Plätze der Frankfurter Altstadt, sondern auch der zweitgrößte Platz nach dem Römerberg. Hier wurden damals Geschirr und Haushaltswaren verkauft, wovon sich auch der Name der am Liebfrauenberg verlaufenden Straße »Neue Kräme« ableitet – Kräme von Kram.

Seit dem Jahr 1318 entstand am Liebfrauenberg eine Kapelle, die in mehreren Bauabschnitten ihr heutiges Aussehen erlangte. Seit 1325 trägt sie den Namen Liebfrauenkirche, der Name des Platzes leitet sich von ihr ab. Ende des 15. Jahrhunderts wurde ein erster Brunnen auf dem Liebfrauenberg erbaut, an dem sich die anliegenden Bewohner mit Wasser versorgen konnten. 1594 wurde dieser neu gestaltet, 1769 schließlich aufgrund von Baufälligkeiten abgerissen und durch einen neuen Brunnen ersetzt. 1855 erfolgte ein Straßendurchbruch und ermöglichte seitdem den direkten Zugang zur Zeil.

Die Luftangriffe von 1944 zerstörten die Frankfurter Altstadt weitestgehend – auch der Liebfrauenberg war davon betroffen. So wurde die Liebfrauenkirche erst 1956 neu errichtet. Hingegen verschont blieb der zentral gelegene Brunnen. Erst in den 1960er Jahren zeigte er erste Auflösungserscheinungen, weswegen er 1970 kopiert und anschließend neu errichtet wurde.

Wie damals ist der Liebfrauenberg heute ein zentraler und beliebter Ort mit zahlreichen Veranstaltungen wie dem Blumen- oder Weihnachtsmarkt.

22 Ganz anders genutzt

Antoniterkirche
—> Töngesgasse 8,
60311 Frankfurt

Am Rande Frankfurts entstand im 13. Jahrhundert die Antoniterkirche samt Kloster – und sie existierte immerhin über viele, viele Jahrhunderte. Nämlich bis 1802, als die Stadt durch die Säkularisation in den Besitz des Anwesens kam. Die Ordensleute kamen einst durch die Schenkung einer Hofstätte des Frankfurter Bürgers »Bresto« in den Besitz des Geländes und erhielten so auch das wichtige Frankfurter Bürgerrecht, mit dem sie am politischen wie auch wirtschaftlichen Leben der Stadt teilhaben konnten.

Die Anlage diente hauptsächlich dem Kauf und Verkauf von Waren für den Antoniterorden während der Frankfurter Messen, nur wenige Geistliche lebten daher dort. Auch nach der Reformation 1533 blieb sie im Besitz des Ordens, doch es folgten Leerstand und zunehmender Verfall.

Während des Großen Christenbrands 1719 wurde fast das gesamte Viertel zwischen der Zeil und der Schnurgasse zerstört und auch das Antoniterkloster war beschädigt. 1723 verkauften die Antoniter die Ruine an die Kapuziner.

1725 folgte die Einweihung des Neubaus. Die Besonderheit: Die kleine Kirche war nun um 90 Grad gegen den Uhrzeigersinn gedreht.

Nachdem die Stadt in den Besitz der Anlage gekommen war, ließ sie diese 1803 versteigern. Das Areal wurde plattgemacht, statt Kirche entstanden nun Mietshäuser. Teile der Ausstattung kamen in den Besitz anderer Frankfurter Kirchen, wo sie größtenteils bis heute zu

sehen sind, z.B. ein Beichtstuhl in der Leonhardskirche oder ein Kruzifix im Chor des Doms.

Nach Zerstörung im Zweiten Weltkrieg lag das Gelände einige Jahre brach. Und was folgte nach Kirche und Mietshäusern? Frankfurts zweites existierendes Parkhaus – seit 1959 befindet sich an dieser Stelle das Parkhaus Konstablerwache.

ca. 1880

Wichtig für die Bevölkerung

23

Kleinmarkthalle
—> Hasengasse 5–7,
60311 Frankfurt

Die Ursprünge der Kleinmarkthalle reichen bis in die zweite Hälfte des 19. Jahrhunderts zurück. Man muss sich vorstellen, dass früher frische Waren von Landwirten der Region noch täglich zum Verkauf in die Stadt transportiert wurden – ohne Laster, bei Wind und Wetter – und anschließend draußen verkauft wurden. Doch im Laufe des 19. Jahrhunderts wurden nicht nur immer mehr Waren verkauft, sondern es stieg zudem auch der Anspruch an Hygienekonzepte, darüber hinaus kamen Forderungen zur Regulierung des Marktbetriebs auf.

Daraufhin beschloss 1871 der Magistrat die Errichtung einer städtischen Markthalle – auf dem Gelände zwischen der Fahrgasse und Hasengasse. Mit dem Bau beauftragt wurde die Firma J. S. Fries Sohn, die sich auch schon für den Bau des allseits bekannten Eisernen Stegs verantwortlich zeigte.

Zwischen 1877 und 1879 erbaut, bestach der Neubau im damals modernen Stil der Neorenaissance als beeindruckend 117 Meter langer und 34 Meter breiter Eisen-Glas-Palast. Mehr als 350 Verkaufsstände hatten Platz, die Kleinmarkthalle war schnell beliebt bei der Frankfurter Bevölkerung.

Im März 1944 wurde das Gebäude weitestgehend zerstört; ein Wiederaufbau erfolgte in unmittelbarer Nähe und wurde unter großer Anteilnahme der Bevölkerung begleitet.

Trotz einiger Aufs und Abs ist die Kleinmarkthalle eines immer geblieben: ein beliebter Anlaufpunkt für Menschen aus Frankfurt und der Region.

24 Der tiefe Fall?

Fahrgasse
—> Fahrgasse,
60311 Frankfurt

Heute nur noch schwer vorstellbar, doch die Fahrgasse gehörte noch bis ins 19. Jahrhundert zu den wichtigsten Straßenzügen Frankfurts.

Hier pulsierte das Leben – zum Beispiel im Haus Krachbein, da sollen die ersten Opern-Aufführungen Frankfurts stattgefunden haben; sein Nachfolgebau von 1743 war nicht weniger bedeutsam und war zeitweise Sitz des Oberlandesgerichts.

Einen Steinwurf entfernt, in der Fahrgasse 17, befand sich das im Mittelalter errichtete Haus Fürsteneck. Seine Besonderheit? Durch die in großen Teilen erhaltene Inneneinrichtung aus der Renaissance hatte der Bau einen hohen architektonischen Wert – der im Zweiten Weltkrieg jedoch für immer zerstört wurde. Ein paar Schritte vom Fürsteneck entfernt stand bis 1874 die Johanniterkirche, die in ihren letzten Tagen allerdings nur noch ein Dasein als Warenlager fristete.

Schicksalhaft wurde das Jahr 1719, als der nördliche Teil der Fahrgasse während des sogenannten »Großen Christenbrands« weitestgehend zerstört wurde; der Wiederaufbau erfolgte rasch. Auch die hier stattgefundenen Septemberunruhen 1848 und die Bierkrawalle 1873 gingen in die Geschichte ein.

Bei den Luftangriffen 1944 wurde die Fahrgasse komplett zerstört; der einfache Wiederaufbau erfolgte in den 1950er Jahren. Oberste Prämisse: einfache Bauten, denn Wohnraum war knapp. Dadurch veränderte sich das Straßenbild – die Kurt-Schumacher-Straße wurde zur Hauptverkehrsachse, die einst

ca. 1900

wichtige Fahrgasse zur ruhigen Nebenstraße degradiert.

Doch auch heute noch schreibt sie ihre Geschichte fort und entwickelt sich zu einem der urbansten Hotspots der Stadt mit individuellen Gastronomiekonzepten und Concept Stores, und sie ist seit mehr als 800 Jahren nach wie vor ein wichtiger Anker der Stadt.

zwischen 1879 und 1889

25

In der Fahrgasse gelegen, existierte vom 15. bis 18. Jahrhundert ein Haus, das den kuriosen Namen »Haus Krachbein« trug und in den ersten Jahren wohl als Gasthaus genutzt wurde. Das Anwesen selbst muss einst eine weitaus größere Dimension gehabt haben, denn als im Februar 1571 ein Herzog hier gastierte, wurden seine rund 50 Pferde, die er im Schlepptau hatte, dort versorgt.

1743 erfolgte der Abriss, der durch einen gemauerten Neubau ersetzt wurde. Ein Grund dafür könnten die verschärften Bauvorschriften nach dem Großen Christenbrand gewesen sein, dem auch das Krachbein nur knapp entging. Als Gasthof diente der Neubau jedoch nur

Auch bekannt als »König von England«

Haus Krachbein
—> Fahrgasse 80,
60311 Frankfurt

noch kurze Zeit. Da zu dieser Zeit der englische König mit seinem englischen Heer westlich von Aschaffenburg gastierte, benannte man das Haus schließlich »König von England« – und um das Ganze noch mal zu veranschaulichen, ließ man gleich noch eine mannshohe Statue des Namensgebers in die Fassade einbauen.

Mit einem Schreiben vom 1. November 1878 bot die Stadt Frankfurt das Haus König von England als vorläufigen Sitz des Oberlandesgerichts Frankfurt an. Die Stadt fügte hinzu, dass das Gebäude repräsentativ genug sei und unter anderem bei Kaiserkrönungen als Quartier für auswärtige Gesandte diente. Das Haus wurde schließlich den Bedürfnissen entsprechend umgebaut und am 15. September 1879 übergeben. Nach Nutzung durch das Oberlandesgericht bis 1889 folgte im Januar 1891 der Abbruch. Der anschließende Neubau wurde später im Zweiten Weltkrieg zerstört.

26 Ein altes Tor zur Stadt

Katharinenpforte
—> Katharinenpforte, 60547 Frankfurt

Die Katharinenpforte war einst Teil der Staufenmauer, die um 1180 um die heutige Altstadt errichtet wurde und Schutz bieten sollte vor Überfällen von außerhalb. Auf der ca. sieben Meter hohen und zwischen zwei bis drei Meter dicken Mauer verlief ein Wehrgang; vorgelagert war ein trockener Graben.

Wie gewaltig die Mauer war, erkannte man auch anhand der Durchgänge – denn so viele gab es nicht: nur drei! Einer davon war die Katharinenpforte zum Durchgang in Richtung heutiger Hauptwache.

Zunächst hieß die Pforte noch Bockenheimer Pforte und erhielt erst im Laufe der Zeit den Namen Katharinenpforte – in Anlehnung an die nahe gelegene Katharinenkirche. Die Anlage, die aus einem äußeren Tor sowie einem viereckigen Turm mit Schieferdach bestand, brannte 1690 aus und wurde

ca. 1870

anschließend wiederaufgebaut; in der Zeit danach diente sie als Gefängnis.

1784 kam es zu einem erneuten Brand und trotz Protesten der Nachbarschaft, die das Bauwerk als Verkehrshindernis sahen, wurde sie erneut aufgebaut – bis einige Jahre später dann doch der endgültige Abriss erfolgte.

Allerdings wurde hier sogar recycelt! Die Steine wurden teilweise wiederverwendet – und zwar für den Bau der Paulskirche.

27

ca. 1930

Auch abseits von Goethe eine Reise wert

Großer Hirschgraben
—> Großer Hirschgraben
60311 Frankfurt

Der Große Hirschgraben ist vor allem für eine Sehenswürdigkeit bekannt: das Geburtshaus von Johann Wolfgang von Goethe – dazu aber an anderer Stelle in diesem Buch mehr. Doch auch abseits davon

ist die Geschichte der Straße eine wirklich spannende!

In einem Graben außerhalb der Stadtmauer begann die Stadt Frankfurt um 1400, zwischen dem damaligen Katharinen- und Weißfrauenkloster Hirsche anzusiedeln. Verspeist wurden diese bis ins 16. Jahrhundert hinein beim alljährlichen Hirschessen für städtische Beamte – und das soll mit der Zeit immer üppiger ausgefallen sein, denn irgendwann sollen sogar auch Prostituierte an den Festen teilgenommen haben.

1539 war es mit den großen Feierlichkeiten vorbei; doch noch bis 1580 wurden dort Hirsche gehalten. Dann wurde der Graben zugeschüttet und überbaut – als Straßenname kam »Großer Hirschgraben« auf – und bereits im 17. Jahrhundert war der dicht bebaut. Die Meile wurde zur beliebten Wohn- und Geschäftsstraße, eine Wohngegend der reichen Bevölkerungsschicht Frankfurts.

Im Zweiten Weltkrieg wurden die historischen Häuser des Großen Hirschgrabens völlig zerstört; 1946 war die Straße wieder von ihren Trümmern befreit. Während das Goethe-Haus wiederaufgebaut wurde, entschieden sich die Stadtplaner, den südlichen Teil des Großen Hirschgrabens zu planieren und der Berliner Straße zuzuschlagen.

Vom ursprünglichen Charakter der einst lebhaften, dicht bewohnten Straße ist nach dem Wiederaufbau wenig geblieben. Einzig die Touristenströme erzeugen eine gewisse Lebendigkeit im historischen Hirschgraben.

28 Goethes Geburtshaus

Goethe-Haus
—> Großer Hirschgraben 23–25, 60311 Frankfurt

Im Großen Hirschgraben steht heute wie damals das Goethe-Haus; hier wurde einer der bedeutendsten Schöpfer deutschsprachiger Literatur geboren – Johann Wolfgang von Goethe.

Das Elternhaus Goethes bestand damals aus zwei eng miteinander verbundenen Fachwerkbauten, die von Goethes Großmutter Cornelia Goethe 1733 erworben wurden.

Nach ihrem Tod ließ ihr Sohn Johann Caspar Goethe um 1755 auf den Kellern der alten Häuser einen repräsentativen, viergeschossigen Bau errichten. Dort lebte Johann Wolfgang von Goethe mit Ausnahme einiger Jahre während des Studiums, bis er 1775 nach Weimar ging.

Nach dem Tod Johann Caspar Goethes verkaufte die Witwe Catharina Elisabeth Goethe das Haus. Es wechselte danach mehrfach den Besitzer, einer davon ließ im Dachgeschoss einen kleinen Goethe-Gedenkraum einrichten.

Mit Hilfe des von ihm gegründeten Freien Deutschen Hochstifts gelang es Otto Volger 1863, Goethes Geburtshaus zu erwerben, es anhand historischer Quellen nachzubilden und als eine der ersten Dichtergedenkstätten der Öffentlichkeit zugänglich zu machen.

Bei den Luftangriffen im Zweiten Weltkrieg, übrigens am 112. Todestag Goethes, wurde der Straßenzug des Großen Hirschgrabens schwer beschädigt und auch das Goethe-Haus zerstört.

Schon ab 1947 begann die originalgetreue Wiederherstel-

ca. 1850

lung des Baus, der 1951 wiedereröffnet werden konnte – dank prominenter Befürworter wie Hermann Hesse und Richard Merton, denn man glaubt es kaum, aber über den Wiederaufbau gab es zunächst heftige Diskussionen.

29

Vermutlich anstelle vier eher schlichter Vorgängerbauten entstand innerhalb von zwei Jahren bis ca. 1490 die Große Stalburg. Als Bauherr fungierte der wohlhabende Frankfurter Politiker Claus Stalburg. Nach dessen Tod ging die Stalburg an Sohn Crafft Stalburg – und der sorgte dafür, dass das Haus lange den Wandel der Zeiten überdauern sollte.

Crafft Stalburg ließ testamentarisch festhalten, dass immer der älteste männliche Vertreter der Familie das Haus besitzen und niemals abreißen dürfe. Über Generationen hinweg wurde das Haus weitervererbt.

Erst 1788 erklärte ein Schöffengericht den Willen von Crafft Stalburg als aufgehoben – aufgrund »erheblichster Beweggründe«: »…dass dieses Haus nach den veränderten Zeiten dem Zwecke schlechterdings nicht mehr entspreche, vielmehr nach seiner innern Einrichtung und nach seinem äussern Ansehen allen bürger-

vor 1789

Testamentarischer Wille

Große Stalburg
—> Berliner Str. 51,
60311 Frankfurt

lichen Wohnungen weit hinten anstehe«.

Das war das Frankfurt in der zweiten Hälfte des 18. Jahrhunderts – oftmals hatten die Entscheider in der Stadtpolitik nur wenig übrig für die Bausubstanzen früherer Epochen.

Doch wirklich ausschlaggebend war, dass die deutsch-reformierte Gemeinde nach einem Grundstück für einen Kirchenbau Ausschau gehalten hatte und sich an der Lage erfreute. Die Gemeinde legte das notwendige »Kleingeld« von 45.000 Gulden auf den Tisch – und die Sache war entschieden.

1789 erfolgte der Abbruch, anschließend der Bau der Kirche – doch wie viele andere Gebäude wurde auch diese bei den Luftangriffen 1944 zerstört.

ca. 1860

Bis 1594 durfte die Deutsch-reformierte Gemeinde ihre Gottesdienste in der 1944 zerstörten Weißfrauenkirche abhalten, danach wurden diese von einflussreichen Personen lutherischer Ausrichtung verboten. Fortan musste die Glaubensgemeinde ihre Gottesdienste verlagern – in einen einfachen Holzschuppen außerhalb der Stadtmauer am Bockenheimer Tor.

Ein unscheinbarer Kirchenbau

30

Deutsch-reformierte Kirche
—> Kornmarkt 4,
60311 Frankfurt

Nach einem Brand des Schuppens ging der Kirchendienst zunächst nach Offenbach, ab 1633 ins damals noch zur Grafschaft Hanau gehörende Bockenheim über. Ungefähr zu diesem Zeitpunkt begann zwischen der Gemeinde und der Frankfurter Stadtpolitik das Ringen um ein eigenes Gotteshaus innerhalb des Stadtgebiets – das erst mehr als 200 Jahre später am 15. November 1787 genehmigt wurde.

Und das sogar noch unter strengen Regeln: Das Gebäude durfte von außen nicht wie eine Kirche aussehen und auch keinen eigenen Platz oder gar Kirchturm besitzen. Der Bau sollte sich harmonisch in die angrenzende Häuserfront einfügen.

Anfang 1788 wurde daher das einstige Stammhaus der Patrizierfamilie Stalburg am Großen Kornmarkt erworben – die Große Stalburg. Die Stadt stimmte dem Standort zu, im Sommer 1789 begann der Abriss der Stalburg. Im März 1790 konnte schließlich der Grundstein des Neubaus gelegt werden.

Im Zweiten Weltkrieg brannte die Deutsch-reformierte Kirche im Zuge der Luftangriffe aus, Teile der Außenmauer stürzten ein. Und da die Kirche nicht zu den Dotationskirchen der Stadt gehörte, bestand seitens der Stadt Frankfurt keine Pflicht zum Wiederaufbau: Die Ruine wurde abgerissen. Heute führt hier die Berliner Straße durch – quasi durch den ehemaligen Kirchenraum.

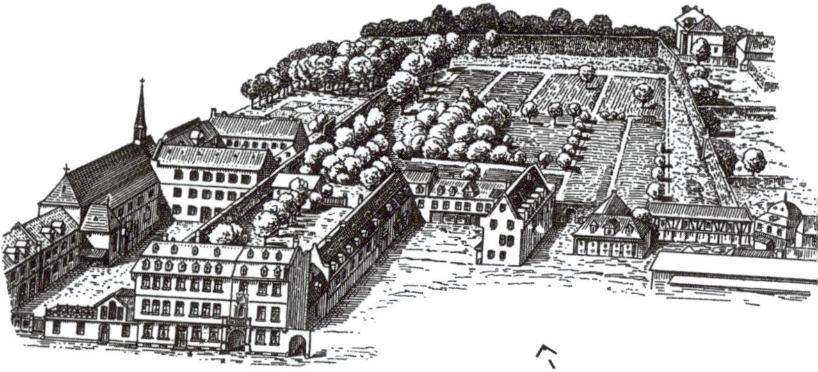

1872

Ein weitläufiges Areal

31

Weiße Hirsch
—> Großer Hirschgraben/ Kaiserplatz,
60311 Frankfurt

Bis zu seinem Abriss 1872 war der Weiße Hirsch im Großen Hirschgraben 3 eines der größten und aus architektonischer Sicht bedeutendsten Anwesen der Frankfurter Altstadt. Immerhin erstreckte sich der großzügige Garten über das gesamte Gebiet zwischen dem Großen Hirschgraben, der Stadtmauer, dem Weißfrauenkloster und der Großen Gallusstraße.

Woher der Name stammt? Auf den Flächen des Weißen Hirschs befand sich vor der Stadterweiterung von 1333 der Stadtgraben der Staufenmauer. Als dieser im 14. Jahrhundert aufgegeben wurde, wurde er fortan als Hirschgehege genutzt.

Ende des 16. Jahrhunderts wurde die alte Stadtmauer an dieser Stelle niedergelegt und der alte Graben zugeschüttet; die Flächen wurden mit Wohnbauten überbaut. 1592 wird der Weiße Hirsch erstmals als Gasthof erwähnt – in einer der zu dieser Zeit beliebtesten Wohngegenden der Stadt. Hier lebten unter anderem die Familien Goethe, Passavant und Bethmann-Hollweg.

Mitte des 18. Jahrhunderts kam der Weiße Hirsch in den Besitz der Familie Gontard, 1790 wurde er im klassizistischen Stil umgebaut. Nach Vermietung 1802 an den Bankier Friedrich Michael Hauck wurde der Weiße Hirsch 1834 zwischenzeitlich sogar zum Sitz eines Mädchenpensionats.

Es folgten weitere Eigentumswechsel, dann der Erwerb durch die Stadt und schließlich wirklich der Abriss. Auf der einstigen Gartenanlage entstand nun zunächst der Frankfurter Hof, später der Kaiserplatz und zu guter Letzt der Commerzbank Tower.

ca. 1928

Schattenseiten 32

Großmarkthalle
—> EZB-Turm, Sonnemannstraße 20, 60314 Frankfurt

Schon lange gab es Pläne, am Osthafen eine Großmarkthalle zu errichten – denn die bisherigen Flächen der mitgenutzten Kleinmarkthalle reichten einfach nicht mehr aus. Doch der Erste Weltkrieg und die anschließende Zeit der Inflation ließen die Pläne immer wieder in der Schublade verschwinden.

1928 war es dann endlich so weit – und das nach wenigen Jahren Bauzeit: Die Großmarkthalle am noch recht jungen Osthafen wurde feierlich eingeweiht und bekam im Frankfurter Volksmund direkt den Beinamen »Gemieskerch«. Und groß war die neue Großmarkthalle wirklich – sie war das größte Bauwerk im damaligen Frankfurt.

Im Nationalsozialismus kam der Bau zu einem schlechten Image. Ab 1941 wurden von hier Deportationen der jüdischen Bevölkerung durchgeführt. Mindestens 10.000 Menschen wurden dafür in den Kellern des Baus zusammengepfercht und für den Abtransport in die Konzentrationslager »vorbereitet«. Die wenigsten sollten überleben. Der Marktbetrieb ging unterdessen weiter, auch wenn das parallele verbrecherische Geschehen nicht im Verborgenen blieb.

Bei den Luftangriffen im Zweiten Weltkrieg wurde die Großmarkthalle großflächig zerstört; der Wiederaufbau erfolgte bis 1952. In den Jahrzehnten danach wurde sie wieder als Großmarkthalle genutzt, bis sie 2005 der Europäischen Zentralbank übergeben wurde.

Die richtete dort und auf dem Areal in weiteren Neubauten ihre neue Zentrale ein. Doch drum herum erinnern viele Mahnmale an die grausame Zeit der 1940er Jahre.

Von den Nationalsozialisten zerstört

33

Synagoge Friedberger Anlage
—> Friedberger Anlage 5,
60314 Frankfurt

Am 21. November 1905 wurde der Grundstein für die neue Synagoge an der Friedberger Anlage gelegt – und das sogar aufgrund einer Spendenaktion der jüdischen Gemeinde, die eine stolze Summe von rund 150.000 Mark zusammentrommelte. Zur feierlichen Einweihung kam es zwei Jahre später.

Im Rahmen der Novemberpogrome 1938 wurden mehrere Anschläge auf die Synagoge verübt. Zunächst kam es nur zu geringen Schäden, in den Tagen danach gab es weitere Brände, teilweise unter Verwendung von Benzinfässern. Jedes Mal rückte die städtische Feuerwehr aus, griff aber nie ein.

Nach den Anschlägen erstattete der Gemeindevorstand Anzeige bei der Polizei, woraufhin die gegen die jüdische Bevölkerung als Brandstifter ermittelte. Schließlich musste auf polizeiliche Anweisung hin die Israelitische Gemeinde das Gebäude wegen Einsturzgefahr abreißen lassen und dabei sogar die Abbruchkosten übernehmen.

Das Areal ging in den Besitz der Stadt über. Die NS-Stadtpolitiker ließen dort um 1942 einen mehrgeschossigen Hochbunker errichten – der bei den Luftangriffen weitgehend unbeschadet blieb. Nach 1945 nutzte die Stadt den Bunker, um in die Stadt zurückgeführte Kulturgüter zu lagern. Ab 1947 diente er als Büchermagazin für die Stadt- und Universitätsbibliothek und von 1968 bis 1988 als Möbellager.

ca. 1910–1920

Auf dem Vorplatz des Bunkers befindet sich seit 1988 die »Erinnerungsstätte Synagoge Friedberger Anlage«. Seit 2004 betreut die Initiative 9. November den Bunker, in dem eine Dauerausstellung über das jüdische Leben im Ostend informiert.

ca. 1845

Jahrhundertealt!

34

Hospital zum Heiligen Geist
—> Lange Str. 4–6,
60311 Frankfurt

Das Hospital zum Heiligen Geist ist das älteste »Spital für Kranke und Sieche« in Frankfurt. Die früheste belegte Erwähnung stammt von 1267; nicht nachweisbar hingegen ist das mögliche Gründungsjahr 1208. Versorgt wurden damals ausschließlich bedürftige und mittellose Menschen, die oft auch über ihre Genesung hinaus dort blieben.

In den folgenden Jahrhunderten kam es zu immer weiteren Ausbauten: So wurde um 1315 ein Hospiz errichtet; zwischen 1459 und 1461 folgte der Neubau der Hospital-Kirche und der Backstube. Eine Siechenkammer wurde 1463 erbaut, 1465 ein Zimmer für Schwerkranke. 1477 folgten noch Krankentrakte für psychische Erkrankungen und 1488 schließlich auch für erkrankte Gefangene.

Mit den Jahren stieg jedoch nicht nur die Anzahl der Patienten, sondern auch der Hygieneanspruch. Doch Pläne für ein neues Hospital 1764 und 1788 wurden von der Stadt abgelehnt.

Erst zwischen 1835 und 1840 erfolgte der Neubau an der Langen Straße – der immerhin zu den modernsten Krankenhäusern seiner Zeit gezählt haben soll. Um die Finanzierung des Baus zu stemmen, wurde trotz Protesten der Bevölkerung das alte Hospitalgrundstück einschließlich der Bauten verkauft.

Im Ersten und Zweiten Weltkrieg wurden nun auch verwundete Soldaten im Hospital zum Heiligen Geist behandelt. 1944 wurde das Krankenhaus zu großen Teilen zerstört, der anschließende Wiederaufbau erfolgte in vereinfachter Form bis 1955. Heute zählt es zu den Lehrkrankenhäusern der Frankfurter Universität.

Was lange währt

Alte Stadtbibliothek
—> Schöne Aussicht 2,
60311 Frankfurt

35

Östlich der Alten Brücke entstand zwischen 1820 und 1825 die Alte Stadtbibliothek – doch die Wurzeln reichen viel weiter zurück! Bei historischer Spurensuche landen wir im 15. Jahrhundert, denn hier wurde bereits urkundlich eine »Ratsbibliothek« erwähnt.

1529 übernahm die Stadt schließlich im Zuge der Aufhebung des Barfüßerklosters auch dessen Bibliothek und erweiterte diese bis Ende des 17. Jahrhunderts um Bestände aus Kunst, Geschichte und Natur. Die Sammlung wuchs rasch, neue Räumlichkeiten waren dringend notwendig. Anstelle des Klosters sollte jedoch die Paulskirche erbaut werden. Konkreter wurden diese Ideen im ersten Drittel des 19. Jahrhunderts.

Der Bau einer neuen Stadtbibliothek war die erste große Investition in dieser Zeit. Sie sollte zugleich Denkmal für die wiederhergestellte freie »bürgerliche Stadtrepublik« sein und den Abschluss der seit 1793 begonnenen Überbauungen des einstigen Fischerfeldes darstellen.

Auf einer Grundfläche von 900 Quadratmetern bot die Stadtbibliothek eine Sammlung von rund 50.000 Bänden. Im Zweiten Weltkrieg wurde der Bau durch die Luftangriffe teilweise zerstört und später bis auf den Portikus abgerissen. Die Bestände waren glücklicherweise bereits zuvor größtenteils ausgelagert worden.

Der nicht abgerissene Portikus wurde 1958 baulich gesichert und als Mahnmal unter Denkmalschutz gestellt. 1965

wurde die Stadtbibliothek mit der Universitätsbibliothek in deren Bau vereint. Zeitweise wurde die Alte Stadtbibliothek um einen Anbau ergänzt; dieser diente als Ausstellungshalle für zeitgenössische Kunst. 2003 fiel die Entscheidung einer vereinfachten Rekonstruktion, im Oktober 2005 fand die Einweihung statt.

Das erste Polizeipräsidium der Stadt

36

Polizeipräsidium auf der Zeil

—> Zeil 42,
60313 Frankfurt

Bevor die Polizei in den 1880er Jahren ihr erstes wirkliches Polizeipräsidium auf der Zeil bezog, saß sie vorher bereits verteilt an verschiedenen Orten in Frankfurt: mal im Palais Thurn und Taxis, mal in der Nähe des Römers und natürlich in der Haupt- und auch Konstablerwache.

Von der Gesundheitspolizei im 14. Jahrhundert, die auf Märkten die Lebensmittelhygiene kontrollierte, und der Marktpolizei, die die Einhaltung von Maßen und Gewichten im Blick hatte, dauerte es noch etwa fünf Jahrhunderte, bis hier schließlich auch die Kriminalpolizei entstand.

Zahlreiche Eingemeindungen zu dieser Zeit und die Verstärkung der Polizei führten jedoch schnell dazu, dass das Präsidium zu klein wurde – so zog es 1914 in einen Neubau am Hohenzollernplatz. Und dieses Gebäude kennen wir heute alle als das »Alte Polizeipräsidium« – Frankfurts Lost Place! Heute an der Friedrich-Ebert-Anlage gelegen, stand das Kulturdenkmal etliche Jahre leer und soll nun in Teilen abgerissen und neu bebaut werden.

Doch zurück zur Polizei selbst: Nach der Reformierung durch die Nationalsozialisten zu einer Ordnungs- und Sicherheitspolizei, dann zu einer kommunalen Polizei durch die US-Militärregierung fand die Polizei schließlich nach mehreren Auslagerungen – denn auch das Gebäude am Hohenzollernplatz wurde durch die Luftangriffe zerstört – ihr neues Präsidium in der Adickesallee, wo sie nach vier Jahren Bauzeit 2002 einzog.

ca. 1888

um 1900

Schon immer was los auf der Zeil! Das, was man heute als DIE Einkaufsstraße Frankfurts kennt, war in ihrem Ursprung zunächst nicht mal eine Straße, sondern lediglich eine Fläche mit diversen Verkaufsständen für allerlei Vieh. In ihrem Grundriss verläuft sie parallel zur ehemaligen Staufenmauer, die damals die gesamte Altstadt umgab – noch bis ins 14. Jahrhundert hinein stellte

Hier wurde sprichwörtlich gelebt!

37

Zeil

—> Zeil, 60313 Frankfurt

die Altstadt gemeinsam mit Sachsenhausen das gesamte Frankfurt dar.

Im Jahr 1333 kam es dann zur dringend benötigten Stadterweiterung, denn Frankfurt platzte aus allen Nähten. Die bisherigen Flächen verdreifachten sich und wurden ab 1343 mit einer neuen Mauer umschlossen – mit einer zunächst losen Bebauung dazwischen.

Die alte Staufenmauer wurde jedoch erst im 16. Jahrhundert niedergelegt, sodass die Zeil nur einseitig bebaut wurde – im Frankfurter Volksmund war sie fortan die »Straße mit der Häuserzeile« – also kurz: Die Zeil.

Im Laufe ihrer Zeit entwickelte sich die Zeil von wirtschaftlich genutzten Bauten zur beliebten Wohn- und kurz darauf auch zur luxuriösen Gasthofmeile. Im 18. Jahrhundert galt sie als europäischer Großstadtboulevard.

Bis sie zur Geschäftsstraße wurde, dauerte es noch ein gutes Jahrhundert; rasant wurde hier gebaut, bis der Nationalsozialismus kam. Kaufhäuser wurden arisiert, die Zeil schließlich bei den Luftangriffen zerstört. In den 1950er Jahren wurde sie zunächst autogerecht wiederaufgebaut. Was folgte: Der Mensch wurde zur Randerscheinung – heute unvorstellbar, wo sich doch jeden Tag aufs Neue Menschenmassen hier tummeln. So, wie wir die Zeil heute kennen, existiert sie nun seit etwa den 1980er Jahren.

Doch wer weiß, welche Geschichten der jahrhundertealte Straßenzug in Zukunft noch alles in petto haben wird. Der letzte Wandel wird es sicher nicht gewesen sein.

Tatenlos zugesehen

38

Börneplatzsynagoge
—> Börneplatz 16–18,
60311 Frankfurt

Im 19. Jahrhundert benötigte auch der orthodoxe Flügel der Israelitischen Gemeinde eine Synagoge, weswegen 1881 in der ehemaligen Judengasse ein Kirchenbau entstand. Dieser grenzte mit seiner Rückseite an den Alten Jüdischen Friedhof an, der seit dem Mittelalter bestand, doch aufgrund von »Überfüllung« bereits 1828 geschlossen wurde. Die Börneplatzsynagoge bot zunächst Platz für 520 Männer sowie 360 Frauen, 1901 wurde sie um 400 Plätze erweitert.

In der Nacht vom 9. auf den 10. November 1938 wurde die Börneplatzsynagoge in Folge des Novemberpogroms von der SA in Brand gesetzt, worauf sie bis auf ihre Außenmauern niederbrannte. Zwar eilte die Feuerwehr herbei, tat aber nichts zur Bekämpfung des Großbrandes. Anfang 1939 wurde die Ruine auf Kosten der Israelitischen Gemeinde abgetragen und das Grundstück an die Stadt Frankfurt abgetreten.

Im Nachkriegsfrankfurt blieb das Grundstück im Besitz der Stadt, 1946 ließ die Alliierte Militärverwaltung dort eine Gedenktafel errichten – das Einzige, was heute noch an die Synagoge erinnert.

Der Wiederaufbau rund um die ehemalige Synagoge begann ab 1952, wobei jedoch die Börnestraße nicht wiederhergestellt wurde. Stattdessen wurde mit der Kurt-Schumacher-Straße ein breiter Straßendurchbruch durch die einst dichtbebaute Gegend geschlagen.

Beim Bau des Kundenzentrums der Stadtwerke ab 1987 wurden Überreste der Börneplatzsynagoge freigelegt; zu einem Baustopp kam es nicht – trotz zahlreicher Proteste seitens der Bevölkerung.

Frankfurt a. M.
Neue Synagoge.
ca. 1890

ca. 1886

Nicht auf dem heutigen Platz an der Konstablerwache, sondern direkt gegenüber auf den Flächen des heutigen Bienenkorbhauses stand sie: die Konstablerwache.

Mitte des 16. Jahrhunderts existierte hier bereits ein Waffenlager, das sich im Laufe der Zeit zu einer Wachstation entwickelte. 1822 folgte der Umbau zu einem größeren Polizeirevier – das elf Jahre später von Auf-

Wie sie wohl heute genutzt werden würde?

39

Konstablerwache
—> Zeil 65–69,
60313 Frankfurt

ständischen beim Frankfurter Wachensturm überfallen wurde. Die misslungene Aktion sollte eine deutschlandweite Revolution auslösen.

Erfolgreicher war hingegen die Entwicklung der Einwohnerzahlen. Das wiederum führte dazu, dass die Konstablerwache als Polizeirevier zu klein wurde – ein Neubau an anderer Stelle (erneut auf der Zeil) musste her. Anders als bei der ebenfalls als Polizeirevier genutzten Hauptwache entschied man sich bei der nun leerstehenden Konstablerwache für einen Abriss. 1886 war dieser abgeschlossen.

Der Abriss fiel in eine Zeit, in der die Zeil einen generellen Wandel durchlebte. Viele alte Bauten wurden abgerissen, neue Geschäftshäuser entstanden – so auch auf den ehemaligen Flächen der Konstablerwache. Mit den Neubauten sollte die Zeil wieder an Attraktivität gewinnen.

Im Zweiten Weltkrieg wurden diese Gebäude weitestgehend zerstört, auch die Geschäftshäuser auf dem Areal der früheren Konstablerwache. In der Nachkriegszeit entstand hier innerhalb weniger Monate das noch heute existierende Bienenkorbhaus.

Heute wie damals dient die Lage als wichtiger Verkehrsknoten – einst für Straßenbahnen und den Automobilverkehr, heute als Start der Fußgängermeile in Richtung Hauptwache.

40

ca. 2006

Dort, wo heute das Bienenkorbhaus steht – da reisen wir jetzt weit in die Zeit zurück. Im 16. Jahrhundert soll hier nämlich ein erstes Waffenlager, ein sogenanntes Zeughaus, existiert haben, das im Laufe der Zeit zu einem Wachgebäude ausgebaut wurde. Über Jahrhunderte hinweg veränderte sich der bauliche Zu-

Ein Meisterwerk an historischer Stelle

Bienenkorbhaus
—> Zeil 65–69,
60313 Frankfurt

stand immer wieder – bis ein Polizeirevier entstand.

Was diese Bauten jedoch alle gemeinsam hatten: Sie alle hörten auf einen Namen – Konstablerwache. Doch die wurde Ende des 19. Jahrhunderts endgültig zu klein – ein neues Polizeirevier musste her. Das wurde jedoch an anderer Stelle gebaut, die Konstablerwache abgerissen und schließlich durch Geschäftshäuser ersetzt.

Doch auch die fanden ihr jähes Ende durch die Luftangriffe im Zweiten Weltkrieg. In der Zeit des Wiederaufbaus entschied man sich, gegenüber der ehemaligen Konstablerwache einen neuen Platz zu erschaffen – als »Gegenstück« zum Platz an der Hauptwache. Ein markanter Bau sollte das Entree des Platzes bilden – das Bienenkorbhaus, benannt nach dem früheren Bienenkorb-ähnelnden Logo des Bauherren, der Sparkasse.

Das entstand von 1953 bis 1954 in nur siebenmonatiger Bauzeit auf den Flächen der alten Konstablerwache. 1956 wurde eine markante, drehbare Leuchtreklame auf dem Dach des Hauses montiert – die Werbung für den Hauptmieter des Baus machte: die Frankfurter Sparkasse. Noch heute befindet sie sich in der untersten Etage.

Doch von außen stach besonders die oberste Etage mit den quadratischen Einzelfenstern hervor – anders als jedoch vermutet, befinden sich hier keine Büros, sondern tatsächlich Wohnungen.

Ein tragisches Ende

41

Hauptsynagoge
—> An der Staufenmauer 3, 60547 Frankfurt

Die Hauptsynagoge – lange Zeit das Zentrum der liberalen jüdischen Bewegung – befand sich in der früheren Börnestraße, die einst als Judengasse, als früheres jüdisches Ghetto, bekannt war. Sie wurde am 23. März 1860 eingeweiht, war allerdings bereits die dritte Synagoge an gleicher Stelle.

Die Festrede hielt Leopold Stein. Er betonte, dass die neue Synagoge ein Symbol für die Verbundenheit der Israelitischen Gemeinde mit der alten Religion und die Zugehörigkeit zur deutschen Nation sei.

Während des Novemberpogroms in der Nacht vom 9. auf den 10. November 1938 wurde die Hauptsynagoge in Brand gesetzt. Dabei drang der letzte Oberkantor und Rabbinatsverweser, Nathan Saretzki, in die brennende Synagoge ein und rettete historisch wertvolle Gegenstände, die er im Philanthropin sicherte.

Die Feuerwehr eilte zwar zum Brandort, verfuhr jedoch ähnlich wie bei den Bränden der Börneplatzsynagoge: Sie unternahm nichts. Die Hauptsynagoge brannte bis auf ihre Außenmauern nieder und wurde gemeinsam mit den Resten der Börneplatzsynagoge 1939 abgerissen. Die noch intakten Steine der Synagogen wurden für den Bau einer Friedhofsmauer entlang des Hauptfriedhofs verwendet.

Auch das Areal der ehemaligen Hauptsynagoge brannte sechs Jahre später vollkommen nieder. Die Börnestraße verschwand im Zuge des Wiederaufbaus in den 1950er Jahren und wurde durch den Straßendurchbruch der neuen Kurt-Schumacher-Straße ersetzt.

ca. 1885

Daher überdeckt diese in ihrem Verlauf teilweise den früheren Weg der Judengasse. Dort, wo heute die Allerheiligenstraße in die Kurt-Schumacher-Straße einmündet, befand sich die Hauptsynagoge.

ca. 1943

Fußläufig von der Konstablerwache aus liegt in der Großen Friedberger Straße 32 ein altes, wenn auch unscheinbares Haus. Doch das täuscht gewaltig!
Das Gebäude ist denkmalgeschützt und hört auf die Bezeichnung »Zum Goldenen Schwan«; eines von wenigen Häusern der Frankfurter Innenstadt, das bei den Luftangriffen im Zweiten Weltkrieg nicht den Bomben zum Opfer fiel.

Die Geschichte des Geländes selbst reicht weit zurück; um 1293 – wenn nicht sogar schon eher – soll es dem Deutschen Orden gehört haben, eine römisch-katholische Ordensgemeinschaft. 1433 wird ein Haus mit Hof und Garten erwähnt – ein wie es schien recht weitläufiger Komplex.

Ab dem 18. Jahrhundert befanden sich auf dem Areal eine Gaststätte und eine sogenannte »Station zur Beförderung von

Der Schein trügt

Zum Goldenen Schwan
—> Große Friedberger Straße 32,
60313 Frankfurt

42

Reisenden und Gütern«, an die besondere Herausforderungen gestellt wurden.

1810 kam die Familie Thurn und Taxis in den Besitz des Gebäudes und erweiterte die bestehenden Betriebe um Ställe für die Postpferde. Nach 1945 wurden große Teile des Gebäudekomplexes abgebrochen und durch einen Hotelneubau ersetzt.

Erhalten blieb der ursprüngliche Gebäudekern mit der Gaststätte, die damit zu den ältesten in Frankfurt gehört. In den 1960er Jahren waren mehrere Betriebe auf dem Gelände untergebracht, unter anderem eine Polstermöbel- und eine Briefmarken-Handlung. Seit 1989 gehört das Haus zum Gebäudekomplex des angebauten Hotels The Westin Grand.

Auf der Zeil wurde sogar gelebt!

Palais Mumm & Palais Rothschild

—> Zeil 94,
60313 Frankfurt

43

Die Zeil als beliebte Wohngegend? Das ist heute kaum bis gar nicht mehr vorstellbar – um das greifbar zu machen, müssen wir den Blick zurückrichten: auf das 18. Jahrhundert. Zu dieser Zeit entstanden hier gleich zwei größere Wohnbauten direkt nebeneinander – das sogenannte Schmidsche Haus und das Leonhardische Haus.

Doch erst unter ihren nachfolgenden Besitzern wurden beide Wohnbauten besser bekannt: Das Haus des Herren Schmidt (hier mit dt) ging an den ersten Oberbürgermeister der Stadt Frankfurt – an Daniel Heinrich Mumm von Schwarzenstein, der fortan dort wohnte.

Zu Beginn des 20. Jahrhunderts, als Mumm von Schwarzenstein bereits einige Jahre tot war, wurde das Haus abgerissen. Was folgte, war ein Geschäftshaus mit ausgeprägter Jugendstilfassade – doch auch das wurde rund 30 Jahre später erneut ersetzt: diesmal durch einen eher schmucklosen Neubau.

Aber auch das Nachbargrundstück mit dem Leonhardischen Haus befand sich stets im Wandel. Denn das kam im 19. Jahrhundert zunächst in den Besitz von Amschel Mayer von Rothschild. Nach dessen Tod im Jahr 1855 wurde aus dem Haus ein jüdisches Altenheim – bis 1942 die Nationalsozialisten den Bau beschlagnahmten und zweckentfremdeten. Das Haus wurde im Zweiten Weltkrieg schließlich zerstört – an beide Ursprungsbauten erinnert heute nichts mehr.

ca. 1880

ca. 1895

1891 eröffnete der jüdische Kaufmann Hermann Wronker auf der Zeil sein erstes Warenhaus – das Kaufhaus Wronker. Der Erfolg stellte sich schnell ein, fünf Jahre später zog das Unternehmen in einen Neubau in die nicht weit entfernte Hasengasse. Zwar brannte der Bau wenige Monate später ab, doch der positiven Entwicklung des Kaufhauses sollte das keinen Abbruch tun.

Erfolgreich und dann arisiert

44

Kaufhaus Wronker
—> Zeil 85–93,
60313 Frankfurt

1907 ging es wieder zurück auf die Zeil – in ein prächtiges Geschäftsgebäude vorheriger Zeiten. Das Kaufhaus Wronker wurde damit zum seinerzeit größten Warenhaus der Stadt. Und es war kein Ende in Sicht! Immer mehr Flächen kamen hinzu.

Zu seinen erfolgreichsten Zeiten in den 1920er Jahren bestand das Kaufhaus aus einer knapp 80 Meter breiten Straßenfront. Hier und an weiteren Standorten sollen um die 3.000 Menschen für das Unternehmen gearbeitet haben.

Mit der einsetzenden Weltwirtschaftskrise Ende der 1920er Jahre brachen die Umsätze schließlich enorm ein, das Kaufhaus geriet ins Taumeln. Sohn Max übernahm den Staffelstab, wollte das Kaufhaus mit neuen Impulsen zurück zum Erfolg führen. Doch hatte er kaum eine Chance dazu – in Folge der Machtergreifung der Nationalsozialisten 1933 erhielten Vater und Sohn Hausverbot, das Kaufhaus wurde arisiert, es entstand die Hansa AG.

Max Wronker sollte noch 1933 aus Deutschland flüchten, doch Vater Hermann blieb und wurde Jahre später bei einem Fluchtversuch gestellt, nach Auschwitz deportiert und dort ermordet.

An sein Lebenswerk, das Kaufhaus Wronker, und an die Familie erinnert heute nur noch ein Stolperstein, an der Stelle des ehemaligen Gebäudes befindet sich inzwischen unter anderen eine H&M-Filiale und der Nachtclub GIBSON.

Der Wandel der Zeil

45

Darmstädter Hof
—> Zeil 98–104,
60313 Frankfurt

Der sinnbildliche Wandel der Zeil lässt sich hervorragend am Beispiel der Ecke zur Stiftstraße erzählen. Dafür springen wir erst mal ins Jahr 1541 und blicken auf den wohlhabenden Klaus Bromm.

Denn der wollte zeigen, was er hatte, und ließ sich in bester Lage auf der damals knapp 200 Jahre alten Zeil einen wahren Prachtbau hinstellen. Übrigens: Auf der gegenüberliegenden Straßenseite ragte hier damals noch meterhoch die alte Stadtmauer empor – erst rund 40 Jahre später wurde diese abgebrochen.

Aber zurück zu Klaus Bromm: Sein Anwesen überragte die angrenzenden, eher einfach daherkommenden Häuser. Und er setzte damit einen Trend: Immer mehr Menschen mit Geld bauten auf der Zeil. Denn die lag recht nahe zur Altstadt – und das war wichtig.

Dort fanden über Jahrhunderte hinweg die Wahl- und Krönungsfeierlichkeiten der Kaiser im Heiligen Römischen Reich statt. Für die adligen und wohlhabenden Übernachtungsgäste mussten also pompöse Gasthöfe errichtet werden – und einem solchen musste im 18. Jahrhundert auch das Haus von Bromm weichen.

Mit einem Verzug von rund 15 Jahren stand dort ab 1757 nun der Darmstädter Hof. Grund für die Verzögerung beim Bau: Der damalige Bauherr, der Landgraf von Hessen-Darmstadt, zog auswärtige Handwerker hinzu – im früheren Frankfurt allerdings streng verboten!

Ende des 19. Jahrhunderts fiel allerdings auch dieser Bau dem Abbruch zum Opfer. Die

ca. 1905

Zeil wurde endgültig zur Geschäftsstraße und das Kaufhaus M. Schneider breitete sich an der Ecke zur Stiftstraße aus.

Auch wenn das Schneider ebenfalls mittlerweile Geschichte ist – ein rund 20 Jahre alter Glas-Stein-Komplex sorgt auch heute noch für Umsatz auf der Zeil.

2005/2011

Von der Technik überrollt

46

Fernmeldehochhaus
—> Thurn-und-Taxis-Platz 6,
60313 Frankfurt

Zwischen 1951 und 1956 entstand anstelle der im Zweiten Weltkrieg zerstörten Hauptpost und des Palais Thurn und Taxis das Fernmeldezentrum mit seinem markanten Hochhaus als Sitz des Fernmelde- und Postdienstes der damaligen Deutschen Bundespost.

Der Bau war das größte Frankfurter Bauprojekt Anfang der 1950er Jahre und galt als herausragendes Beispiel der Nachkriegsarchitektur; ausgelegt war es für knapp 4.000 Menschen. Ein Highlight: Das Fernmeldezentrum bestach durch eine Kantine mit Blick auf die noch junge Skyline der Stadt und durch einen begehbaren Dachgarten.

Ab Mitte der 1970er Jahre begann durch die fortschreitende Digitalisierung allerdings schnell das Ende des Fernmeldehochhauses. Immer weniger Personal wurde benötigt und viele Räumlichkeiten standen leer. Hinzu kam, dass der neue Fernmeldeturm in Bockenheim effektiver und kostengünstiger die Bedürfnisse der Digitalisierung erfüllte.

Die exponierte Innenstadtlage bedeutete einen hohen Verkaufswert und so wurde das Gelände für stolze 230 Millionen DM um 2002 an einen niederländischen Investor verkauft. Das Fernmeldehochhaus wurde abgerissen, stattdessen entstand bis 2010 das Palais-Quartier mit der MyZeil, dem Jumeirah-Hotel, dem Nexttower und einer Rekonstruktion des Palais Thurn und Taxis.

Hier wirkten die Göthes

47

Weidenhof
—> Zeil 116–126,
60313 Frankfurt

Die Frankfurter Zeil als Gasthofmeile – das hatte bis Ende des 18. Jahrhunderts wahre Tradition. Dabei war der Weidenhof der wohl älteste Gasthof mit entsprechend spannenden Geschichten.
Ein Haus namens Weidenhof auf der Zeil lässt sich bis ins 15. Jahrhundert zurückverfolgen. Damals war die primär als Viehmarkt genutzte Zeil erst seit knapp 100 Jahren offizieller Teil der Stadt. 1610 ist von einer »Wirtin im Weidenhofe« die Rede, was als frühester Hinweis auf eine Nutzung als Gasthof gesehen wird.

Zu Beginn des 18. Jahrhunderts kam Friedrich Georg Göthe in den Besitz des Hofes und machte ihn zu den ersten Hoteladressen der Stadt. Die Göthes verdienten so viel Geld, dass Generationen später davon noch profitierten – auch dessen Enkel Johann Wolfgang von Goethe.

Als sich die Zeil im 19. Jahrhundert schließlich vom Viehmarkt über Gasthofmeile zur Geschäftsstraße wandelte, erlosch auch der Hotelbetrieb im Weidenhof. Wenig später musste das Gebäude einem Neubau weichen. Doch noch bis in den Zweiten Weltkrieg hinein blieb der traditionsreiche Name im Bewusstsein der Stadt präsent.

2010 eröffnete im Rahmen jüngster Umgestaltungen auf der Zeil ein Gastronomiebetrieb in einem Pavillon nahe des einstigen Standorts, der den Namen des Weidenhofs nach rund 170 Jahren wieder aufgenommen hat. Eine Fortschreibung der Geschichte des Gasthofes ist dies allerdings trotzdem eher nicht.

ca. 1825

ca. 1913

war komplett in Eisenbeton konstruiert.

Das Erdgeschoss bestach durch große Schaufensteröffnungen, die darüberliegenden Etagen wurden mittels durchgehender Pfeiler gegliedert. Als markantes Element zierte ein offenes Türmchen das Dach des Baus.

Zwischen 1908 und 1910 entstand an Stelle zweier klassizistischer Bauten der sogenannte Zeilpalast, der von Beginn an als Büro- und Geschäftshaus konzipiert wurde und innerhalb weniger Monate Bauzeit fertiggestellt gewesen sein soll. Der Bau diente als Entrée zur Liebfrauenstraße und

Im Zweiten Weltkrieg von den Luftangriffen in Mitleidenschaft gezogen, erfolgte ein vereinfachter Wiederaufbau im Stil der 1950er Jahre – davor und danach befand sich im Haus das beliebte Café Regina. Doch nicht nur die Gestalt des Baus änderte sich – ebenso sein Name. Mit dem Einzug eines Schuhhänd-

Vom Palast zum Schuhhaus

48

Zeilpalast
—> Zeil 123,
60313 Frankfurt

lers wurde aus dem Zeilpalast schließlich das sogenannte »HAKO-Haus«.

In den 1960er und 1970er Jahren befand sich im ehemaligen Zeilpalast zudem die stadtbekannte Diskothek »BUS-STOP«, wo sogar auch Miss- und Mister-Germany-Wahlen durchgeführt wurden.

Der Abriss des Hauses erfolgte schließlich nach etwas mehr als einhundert Jahren nach seiner Erbauung und es wurde in den 2010er Jahren schließlich durch ein modernes Geschäftshaus ersetzt.

Eine schmale Gasse mit weitreichender Bedeutung

49

Große Eschenheimer Straße
—> Große Eschenheimer Straße,
60313 Frankfurt

Die bis ca. 1860 als Eschenheimer Gasse bezeichnete Große Eschenheimer Straße war einst von großer Bedeutung und verband über den Eschenheimer Turm die außerhalb der Stadtmauern liegende Eschersheimer Landstraße mit dem in der Altstadt liegenden Kornmarkt.

Die ehemals schmale Gasse entstand im Zuge der großen Stadterweiterung von 1333 und wandelte sich erst nach dem Zweiten Weltkrieg erheblich. Nach den Zerstörungen durch die Luftangriffe wurde die Straße verbreitert, »autogerecht« umgestaltet. In den 1960er Jahren wurde dann in offener Bauweise eine der wichtigsten U-Bahn-Strecken errichtet. Schon immer war und ist die Große Eschenheimer Straße gesäumt von wichtigen Bauten wie dem Eschenheimer Turm oder dem Palais Thurn und Taxis, das zeitweise als Sitz des Bundestags des Deutschen Bundes diente.

Während ersterer Bau weitestgehend noch aus der Substanz des 15. Jahrhunderts besteht, ist das Palais eine stark vereinfachte und verkleinerte Rekonstruktion des Originalbaus aus dem 17. Jahrhundert. Ehemals wichtige Bauten waren zudem das Rundschau-Haus und an der Ecke zur Zeil das Kaufhaus Tietz. Heute befindet sich hier das Kaufhaus Galeria, das zu Beginn der 1950er Jahre entstand.

unbekannt

Was war hier nicht schon alles los 50

Palais Thurn und Taxis
—> Große Eschenheimer Str. 10,
60313 Frankfurt

ca. 1912

Welch historischer Bau! Und vor allem auch – was für eine wechselvolle Geschichte!

Das Palais Thurn und Taxis wurde zwischen 1731 und 1739 für den Fürsten Anselm Franz von Thurn und Taxis errichtet, diente für kurze Zeit als Wohnsitz, wurde dann jedoch ab 1748

zum Sitz der Hauptverwaltung der Kaiserlichen Reichspost, die von den Thurn

und Taxis betrieben wurde. Zwischen 1805 und 1813 residierte hier der Fürstprimas und Großherzog von Frankfurt – Karl Theodor von Dalberg. Nach der Wiederherstellung der Freien Stadt Frankfurt tagte hier zwischen 1816 und 1866 der Bundestag des Deutschen Bundes.

Doch es geht noch weiter: 1895 verkaufte die Familie das Palais an die Reichspost, nachdem der federführende Verkäufer Albert I. von Thurn und Taxis die gesamte Inneneinrichtung in sein Schloss in Regensburg bringen ließ. Teile davon befinden sich noch heute dort.

1905 übernahm die Stadt Frankfurt das Palais und richtete darin ein Völkerkundemuseum ein. Doch die Luftangriffe 1943 und 1944 wurden zur Herausforderung und beschädigten den großen Gebäudekomplex mit ausladendem Garten schwer. Immerhin einige Portalbauten und Reste von Deckenmalereien und Stuck blieben bestehen.

Ein Wiederaufbau wäre daher wohl möglich gewesen, doch man entschied sich anders. Die Reste wurden abgetragen, um zu Beginn der 1950er Jahre das Fernmeldezentrum im einstigen Garten zu errichten. Im Anschluss kam es zu einem vereinfachten Wiederaufbau.

Doch auch dieser wurde zu Beginn der 2000er Jahre erneut abgetragen, nachdem das Palaisquartier, unter anderem mit der MyZeil, anstelle des Fernmeldezentrums rückte. Danach erfolgte ein weiterer, stark vereinfachter und verkleinerter Wiederaufbau – der aber zumindest bis heute steht.

Beliebt und doch verschwunden

51

Rundschau-Haus
—> Ecke Große Eschenheimer Straße/ Stiftstraße, 60313 Frankfurt

An der Ecke Eschenheimer Straße/Stiftstraße befand sich mit dem Verlagshaus der Frankfurter Rundschau eines der bekanntesten Gebäude der 1950er Jahre; bis 2005 hatte die Zeitung hier ihren Sitz.

Als Architekt trat Wilhelm Berentzen auf, der sich schon für das Junior-Haus am Kaiserplatz verantwortlich zeichnete. Das Rundschau-Haus war im Wesentlichen in drei große Bauteile gegliedert. Es war ein fünfgeschossiges Bürogebäude, dessen oberstes Stockwerk leicht zurückversetzt war und das im Erdgeschoss Ladengeschäfte beheimatete. Dazu zählte auch die Rundschau-Apotheke. Die oberen Geschosse enthielten die Redaktionsräume.

In der Stiftstraße befand sich das Druckhaus mit dem Rundschau-Kiosk, der jeden frühen Freitagmorgen das Ziel zahlreicher Wohnungssuchender war, weil er als erster Kiosk der Stadt die neuste Freitags-Rundschau mit den Wohnungsanzeigen verkaufte.

Im siebenstöckigen Eckhaus direkt am Eschenheimer Turm befanden sich der Haupteingang sowie das Zeitungsarchiv. Auf dem Dach existierte eine kleine Wohnung. Das Rundschau-Haus gehörte zu einem ehemals bedeutenden Ensemble deutscher Nachkriegsarchitektur, ebenso wie das angrenzende Fernmeldezentrum, das 1956 fertiggestellt wurde.

In den 2000er Jahren wurde sowohl das Fernmeldezentrum als auch das Rundschau-Haus abgerissen. Während auf den

ca. 2004

Flächen des Fernmeldezentrums das Palaisquartier entstand, lag das Areal des Rundschau-Hauses zunächst brach. Erst vor wenigen Jahren wurden auch diese Flächen mit Bürobauten, Hotels und Geschäften neu überbaut.

ca. 1880

Als hätte er schon immer an Ort und Stelle gestanden – der Eschenheimer Turm. Tatsächlich hat er aber auch schon einige Jahrhunderte auf dem Buckel; bis ins Jahr 1400 müssten wir zurückreisen, um den Bau des 47 Meter hohen Turmes zu beobachten.

Damals ersetzte er einen knapp 50 Jahre alten Vor-

Der älteste Bau der Innenstadt

52

Eschenheimer Turm
—> Eschenheimer Tor,
60318 Frankfurt

gängerbau; beide waren Teil der Frankfurter Stadtbefestigung, die ab 1343 errichtet wurde und notwendig war, weil das Stadtgebiet sich zehn Jahre zuvor enorm ausdehnen durfte.

Zwischen 1426 und 1428 waren die Bauarbeiten zum Eschenheimer Turm mit seinen zehn Geschossen abgeschlossen. Die Räume wurden unterschiedlich genutzt: als Lager für Erde und Steine oder als Wohnturm des Turmwächters. Übrigens: Noch bis in die 1950er Jahre haben hier Menschen gewohnt!

Die deutlichste Veränderung hat sich vermutlich am Torbogen ergeben, der zu Zeiten der Stadtmauer als Durchgang aus oder in die Innenstadt genutzt wurde. Bei Angriffen konnte er durch ein Falltor verschlossen und durch die gelagerten Steine und Erden im Turm verstärkt werden. Heute befindet sich in diesem Durchgang ein Restaurant.

Und die durchlöcherte Fahne auf der Turmspitze? Die ist Teil einer lokalen Sage aus dem Frankfurt des 16. Jahrhunderts: Ein Wilddieb soll für neun Tage im Eschenheimer Turm eingesperrt worden und der Todesstrafe nur entgangen sein, da er die Ziffer 9 in die Fahne des Turmes schoss.

Der Wahrheitsgehalt lässt sich nicht überprüfen. Sie und der Turm, auf dem sie krönt, gehören zu den Wahrzeichen der Stadt. Es ist daher unvorstellbar, dass er zu Beginn des 19. Jahrhunderts eigentlich sogar abgerissen werden sollte.

ca. 1864

53

1908 eröffnete das Volksbildungsheim gegenüber dem Eschenheimer Turm – der Bau an sich existiert noch heute –, allerdings in anderer Funktion. Unterhaltung und Bildung lagen hier schon immer nah beieinander.

Die Räumlichkeiten waren groß dimensioniert und wurden

Bildung und Unterhaltung liegen hier nah beieinander

Volksbildungsheim
—> Eschenheimer Anlage 40,
60318 Frankfurt

vor allem für gesellschaftliche Anlässe genutzt. Ein großer Saal bot Platz für rund 1.400 Menschen, in einem kleinen Saal konnten bis zu 300 Personen unterkommen. Zudem waren mehrere Geschäfte und Gastronomiebetriebe untergebracht.

Im Ersten Weltkrieg wurde der Bau als Lazarett genutzt; später dann verkaufte der Eigentümer, der Kaufmännische Verein, den Komplex an die Stadt – und die wandelte ihn bis Oktober 1919 für die Volksbildung um.

Neben unterschiedlichen Bildungsveranstaltungen wurde das Gebäude auch für Konzerte und gesellschaftliche Veranstaltungen genutzt; darüber hinaus war es Sitz der Volksbücherei. Nach der NS-Machtergreifung wurde die Volksbildung gleichgeschaltet, das Haus fortan als Volksbildungsstätte Stadtmitte bezeichnet.

Ab 1953 war der große Saal Spielstätte für die Landesbühne Rhein-Main, die später unter dem Namen »Theater am Turm« überregional bekannt wurde. In den 1990er Jahren verkaufte die Stadt das Volksbildungsheim mit einem Erbbaurechtsvertrag an ein privates Konsortium.

Bis auf die denkmalgeschützte Fassade wurde der Bau ab 1998 abgerissen und bis 2001 für über 100 Millionen Mark zum Kinocenter Metropolis umgebaut. Im Erdgeschoss befinden sich zudem Restaurants, im Dachgeschoss sogar eine Tanzschule.

54 Gefängnis und Gastronomie

Hauptwache
—> An der Hauptwache, 60313 Frankfurt

Bereits im 17. Jahrhundert existierte an der Stelle ein erstes kleines Wachlokal, welches jedoch schnell baufällig wurde. Der Rat der Stadt plante also einen Neubau, größer sollte er werden – doch da machte die Nachbarschaft nicht mit, denn die sorgte sich um die Ansicht auf ihre wunderschöne Häuserzeile. Schließlich einigte man sich und so entstand ab 1728 die Hauptwache in der Form, wie wir sie heute kennen: im charakteristischen Mainsandstein mit einem Mansardengeschoss sowie großem Walmdach.

Die Hauptwache wurde zum Sitz der Stadtwehr und enthielt auch ein Gefängnis. Als einer der prominentesten Häftlinge saß hier für Jahrzehnte Johann Erasmus von Senckenberg ein – denn während sein Bruder positiv im Stadtbild wirkte, hatte er durchaus Dreck am Stecken.

Direkt neben der Hauptwache gab es zudem noch bis ins 18. Jahrhundert einige Richtstätten. So zum Beispiel einen Soldatengalgen, aber auch einen hölzernen Käfig, den man so lange drehen konnte, bis der eingesperrten Person übel wurde. Andere Zeiten eben.

In all den Jahren war die Hauptwache Schauplatz unterschiedlichster Ereignisse. So kam es hier am 3. April 1833 zum bekannten, aber erfolglosen Frankfurter Wachensturm, der eine Revolution in Deutschland zum Ziel hatte.

Nach Abrissplänen im letzten Viertel des 19. Jahrhunderts folgte einige Jahrzehnte später der große Umbau – ab 1905 wurde aus den Räumlichkeiten ein Café. 1920 wurde die

ca. 1901

Hauptwache erneut zum Schauplatz militärischer Ereignisse, als französische Truppen den Bau besetzten und bei Demonstrationen im April 1920 in die Menge schossen. Sieben Personen wurden dabei getötet.

Bei den Luftangriffen 1944 ausgebrannt, wurde der Bau erst vereinfacht und später dann originalgetreu rekonstruiert. Noch heute wird die Hauptwache gastronomisch genutzt.

ca. 1903

55 Aus zwei Kapellen wird eine Kirche

Katharinenkirche
—> An der Hauptwache 1, 60313 Frankfurt

Etwa Mitte des 14. Jahrhunderts erhielt der damalige Frankfurter Patrizier Wicker Frosch ein Grundstück direkt vor der Staufermauer an der späteren Zeil, schräg gegenüber der heutigen Hauptwache, um darauf ein »Spital für Sieche und arme Leute« zu erbauen. Neben dem Spital entstand um 1354 ein Kloster für »adelige Jungfrauen zu Ehren der Heiligen Katharina«.

Kloster und Spital besaßen zwei kleine, nebeneinanderliegende Kapellen. Beide Bauten wurden ab 1590 zu einer Kirche zusammengelegt, die trotz allem für die stetig wachsende Gemeinde zu klein wurde. Dazu kam, dass sich im Laufe der nachfolgenden Jahrzehnte Baufälligkeiten bemerkbar machten.

Im 17. Jahrhundert erfolgte schließlich der Abriss der Bauten und dafür der Bau der Katharinenkirche, die sich rasch zur zweiten evangelischen Hauptkirche neben dem alten Barfüßerkloster entwickelte. Für lange Zeit dominierte der Bau die direkte Umgebung, bis auf der Zeil immer mehr monumentale Bauten errichtet wurden – unter anderem die Hauptpost.

Doch anders als diese überdauerte die Katharinenkirche die Luftangriffe im Zweiten Weltkrieg. Stark beschädigt erfolgte bis 1954 der Wiederaufbau – und noch heute gilt die Kirche als ältestes Gebäude der Zeil.

56 Eines der führenden Caféhäuser

Café Bauer
—> Börsenstraße 2–4,
60313 Frankfurt

Gegenüber dem alten Schillerplatz an der Hauptwache befand sich für viele Jahrzehnte das 1885 eröffnete Café Bauer – eines der führenden Caféhäuser des früheren Frankfurts. Besonders markant: wie geräumig es darin war! Mehr als 120 Personen fanden allein im Lesesaal einen Platz.

Das Café Bauer war im Wohn- und Geschäftshaus Bavaria untergebracht, das erst ein Jahr zuvor fertiggestellt und auf Flächen mehrerer kleiner Häuser errichtet wurde. Die Gestaltung des Bauwerks: aufwendig. Mindestens 16 Künstlerinnen und Künstler wirkten an der Umsetzung mit und gestalteten so unter anderem oberhalb der Hauptfassade die vier Taunusburgen von Kronberg, Königstein, Falkenstein und Eppstein.

Eine aus Zink gefertigte Bavaria mit Viergespann zierte die Kuppel des Bavarias. Verantwortlich dafür: der Bildhauer Gustav Herold, der auch die bekannte Atlasgruppe auf dem Frankfurter Hauptbahnhof errichtete.

Ähnlich aufwendig war auch die Inneneinrichtung des Gastronomiebetriebs gestaltet; die Wände waren mit einhundert Bildfiguren des Künstlers Hans Thoma bemalt. Neben dem Lesesaal, in dem Gäste in unzähligen Zeitschriften in zwölf verschiedenen Sprachen schmökern konnten, existierten ein Billardzimmer und ein Kartenspielraum.

Aber zurück zum Café Bauer selbst: Teil des Erfolgs war die günstige Lage: Einen Steinwurf entfernt lagen nicht nur Haupt-

ca. 1891

wache und Zeil, sondern auch die kurz zuvor fertiggestellte Neue Börse. Laufkundschaft war also sicher.

1930 war es dann vorbei – das Café schloss und auch der Bavaria-Bau sollte im Zuge der Luftangriffe im Zweiten Weltkrieg sein Ende nehmen.

ca. 1955

Ein erster Nachkriegsbau

Mousonhaus
—> An der Hauptwache 5,
60313 Frankfurt

57

An der Ecke Steinweg/Hauptwache entstand in frühen Jahren der Nachkriegszeit im Jahr 1949 nach Plänen von Georg Scotti das sogenannte Mousonhaus. Während die gegenüberliegende Hauptwache noch bis in die 1950er Jahre hinein von den Luftangriffen im Zweiten Weltkrieg stark gezeichnet war, war das siebenstöckige Geschäftshaus im Bauhausstil hingegen rasch hochgezogen.

Das Mousonhaus war somit einer der ersten Neubauten im dem noch stark gebeutelten Frankfurt und damit auch ein wichtiges Zeichen für den Neuanfang. Optisch sah es hier jedoch zuvor ganz anders aus: Bis ins 18. Jahrhundert hinein befanden sich auf den Flächen eine Schmiede, später dann ein Geschäftshaus und sogar ein prunkvoller Neubau im wilhelminischen Stil.

Die Fläche hier stand somit schon immer im Wandel der Zeit; auch das Mousonhaus sollte das später spüren, als es Ende der 1990er Jahre abgerissen und durch einen Neubau ersetzt wurde – der wiederum wird seither wie in den Jahrhunderten zuvor ebenfalls gewerblich genutzt.

Wenig blieb übrig

Hotel Weidenbusch
—> Steinweg 9,
60313 Frankfurt

58

Am innerstädtischen Steinweg lag nicht nur das allseits bekannte Hotel zum Schwan, sondern auch das nicht weniger bedeutsame Hotel Weidenbusch, welches sich an der Ecke Steinweg zur heute nicht mehr existierenden Töpfengasse befand.

Erstmals wird das Weidenbusch Anfang des 18. Jahrhunderts als Gasthof erwähnt, sein wirklicher Aufstieg begann jedoch erst um 1770, als Johann Martin Mohr einen spätbarocken Neubau für 400 Logiergäste errichten ließ; im großen Speisesaal hatten sogar über 1.000 Menschen Platz.

Das Weidenbusch war jedoch kein gewöhnliches Hotel – dank der ausgesprochen schmucken Ausstattung diente es von 1832 bis 1860 beispielsweise der Frankfurter Museumsgesellschaft als Konzertsaal, in dem berühmte Künstlerinnen und Künstler wie unter anderem Clara Schumann auftraten. Zudem fanden hier öffentliche Bankette statt, so auch die 1819 ausgerichtete Feier zu Johann Wolfgang von Goethes 70. Geburtstag.

Während der Frankfurter Nationalversammlung wurde das Weidenbusch vor größeren Abstimmungen zum Treffpunkt der »erbkaiserlichen« Abgeordneten der rechten Mitte.

1859 wurde das Hotel Weidenbusch umbenannt in Hotel de l'Union, 1905 wurde das Gebäude abgerissen und durch einen prunkvollen Neubau ersetzt.

Nach dem Zweiten Weltkrieg wurde der Bau in vereinfachter Form wiederaufgebaut und als Geschäftshaus genutzt. Anfang des 21. Jahrhunderts wurde das Haus Zum Weidenbusch allerdings mitsamt den gründerzeitlichen Nachbarbauten abgerissen und durch ein gläsernes Bürogebäude ersetzt. Die auf Druck der Denkmalbehörde stehengebliebene Fassade von 1907 wurde in den Neubau integriert.

Im erstmals 1341 erwähnten innerstädtischen Steinweg nahe des Roßmarkts standen so einige wichtige Bauten – wie zum Beispiel auch das Haus Zum Weißen Schwan, das erstmals 1371 urkundlich erwähnt wurde. Seit 1592 diente es als Gasthaus; 1791 ließ der Hotelier Jacob Fay den Schwan und die beiden angrenzenden Gebäude abreißen und einen pompösen Neubau im klassizistischen Stil errichten.

Heute ein bekannter Buchladen

59

Hotel zum Schwan
—> Steinweg 12,
60313 Frankfurt

Das Hotel wurde zum angesehensten Ort in Frankfurt und zählte viele prominente Gäste.

1831 wurde der Bau umfangreich modernisiert: neben einem neuen Speisesaal mit monumentalem Deckengemälde erhielt er als eines der ersten Häuser in Frankfurt eine Gasbeleuchtung.

Am 10. Mai 1871 wurde das Hotel zum Schwan sogar Ort eines bedeutenden historischen Moments, als Reichskanzler Otto von Bismarck und der französische Außenminister Jules Favre den Friede von Frankfurt zwischen Frankreich und dem neu gegründeten Deutschen Reich unterzeichneten. Das »Friedenszimmer«, in dem die Unterzeichnung stattfand, wurde anschließend nie mehr vermietet.

Ende des 19. Jahrhunderts spürte das Hotel die Konkurrenz neuer Großhotels wie des Frankfurter Hofs. 1907 wurde das Hotel erneut umgebaut, doch 1919 folgte bereits die Schließung. Das Hotel wurde in ein Kino und Geschäftshaus umgewandelt und letztendlich im Zweiten Weltkrieg zerstört.

Ab 1949 wurde das Gebäude in neuer Form wiederaufgebaut und in den Jahrzehnten danach mehrfach als Kino genutzt, wie unter anderem ab 1954 als Metro im Schwan, später als Bambi und 1967 als Palette. 1987 zogen die Kinos aus und stattdessen Bücher ein, denn das Gebäude beherbergt heute die bekannte Hugendubel-Filiale – und noch immer findet man hier Spuren; im Lager sollen einige Filmrollen liegen …

Ein Platz von Bedeutung

60

Roßmarkt
—> Roßmarkt,
60311 Frankfurt

Pferdehandel, Ritterspiele, Richtstätte, Gasthofmeile – der Roßmarkt hat in all seinen Jahren so einiges mitgemacht. Doch fangen wir mal von vorne an: Noch im frühen Mittelalter war er nicht mehr als ein freies Feld außerhalb der Stadtmauern und blieb auch bis weit ins 17. Jahrhundert hinein ein unbefestigter, sandiger Platz – optimal für den Pferdehandel.

Doch der Untergrund war herausfordernd: Bei schlechtem Wetter verwandelte sich das Areal in einen sumpfartigen Molloch, bei Hitze in eine staubige Wüste. Unbeeindruckt von diesen Zuständen siedelten sich aufgrund der günstigen Lage nach und nach zahlreiche Gasthöfe an.

Im 17. Jahrhundert wurden schließlich Bäume gepflanzt – eine Stadtallee entstand. Angrenzend wurde der Platz mit einer Reihe von damals sogenannten »Neuen Häusern« bebaut. Sie sollten dem Areal die Größe nehmen und fliegenden Händlern die Grundlage entziehen. Doch das 17. Jahrhundert war auch geprägt von Hinrichtungen – so wurden unter anderem auf dem Roßmarkt die Todesurteile über die Anführer des Fettmilch-Aufstandes vollstreckt. Der Fettmilch-Aufstand war eine judenfeindliche Revolte im Jahr 1614.

Seit 1844 heißt der mittlere Teil des Roßmarkts nun schon Goetheplatz – zu Ehren des großen Frankfurters Johann Wolfgang von Goethe. Das entsprechende Denkmal befindet sich mit kurzem Umzug in die Gallusanlage seit 2007 nun wieder am

ca. 1881

ursprünglichen Platz. Den nördlichen Teil des Roßmarkts nannte man zunächst für einige Zeit Comoedien- bzw. Theaterplatz, heute kennt man ihn als Rathenauplatz. Ein weiteres Denkmal, das den Platz prägt, ist das 1858 eingeweihte Gutenberg-Denkmal.

Im 20. Jahrhundert entwickelte sich der Roßmarkt zum Brennpunkt des städtischen Verkehrs. Mehrere Straßenbahnlinien führten über den Platz; rundherum fuhren zahlreiche Autos. Und erst Ende der 1970er Jahre besserte sich diese Situation.

Von all den früheren Entwicklungen ist heute nicht mehr viel zu spüren, stattdessen ist der Platz heute lediglich noch ein schöner Ort zum Verweilen.

Das erste Theater der Stadt

61

Comoedienhaus
—> Börsenstraße 2–4,
60313 Frankfurt

Lange schon gab es Pläne bei den Stadtoberen, ein eigenes Theater zu errichten, doch entweder scheiterte es an den Kosten oder an den baulichen Zuständen von möglichen Häusern, die grundsätzlich in Frage gekommen wären. Wo fanden also Theateraufführungen in Frankfurt statt?

Bis ins 18. Jahrhundert hinein wurden Stücke noch in verschiedenen Gasthäusern wie dem Haus Krachbein in der Fahrgasse aufgeführt oder es wurden extra dafür provisorische Schaubuden errichtet. Doch das sollte sich ändern.

Zwischen 1780 und 1782 wurde schließlich das erste Frankfurter Stadttheater errichtet – getauft auf den Namen »Comoedienhaus«; bestens gelegen am Roßmarkt. Fast 100 Jahre diente der Bau mit seinen mehr als 1.000 Plätzen den Ansprüchen der Bürgerschaft. Es kam zu unzähligen bekannten Uraufführungen wie »Kabale und Liebe« im Jahr 1784 oder »Die Opernprobe« 1851.

Die Frankfurterinnen und Frankfurter liebten ihr Theaterhaus, das auch als Frankfurter Nationaltheater und Stadttheater bekannt war. Ein Feuer, das sich im Juli 1878 entzündete, führte daher erst mal zu einem großen Schock – glücklicherweise konnte es schnell unter Kontrolle gebracht werden.

Doch kurz darauf wurde mit dem Bezug des neuen Opernhauses 1880 das Ende des Comoedienhauses eingeleitet.

Gleichzeitig mit dem Neubau des Schauspielhauses zwischen 1911 und 1913 war das Comoedienhaus endgültig Geschichte und wurde abgerissen. Heute befindet sich an der Stelle ein Geschäftshaus.

Erinnerungen an eine Mainzer Truppe

62

Gutenberg-Denkmal
—> Roßmarkt, 60311 Frankfurt

vor 1892

Inmitten des Roßmarkts erinnert das Gutenberg-Denkmal an einen weltweit bekannten Mainzer, Johannes Gensfleisch (besser bekannt als Johannes Gutenberg), den Erfinder des Buchdrucks mit beweglichen Metall-Lettern, und seine Frankfurter Kollegen, die Drucker und Verleger Johannes Fust und Peter Schöffer.

Gutenberg selbst lebte von 1454 bis vermutlich 1457 in Frankfurt und druckte hier den Ablassbrief, den Türkenkalender sowie die Kreuzzugsbulle des Papstes Calixt III.

Das Denkmal geht auf den Bildhauer Eduard Schmidt von der Launitz zurück, der anlässlich der »Vierhundertjahrfeier der Erfindung der Druckkunst mit beweglichen Metall-Lettern« die Statuen der drei Drucker anfertigte und am 24. Juni 1840 der Öffentlichkeit vorstellte. Interessante Randnotiz: Das finale Denkmal wurde allerdings erst zwischen 1856 und 1858 erschaffen und am 20. Oktober 1858 eingeweiht. Es ersetzte einen Herkules-Brunnen, der damals an derselben Stelle stand. Das Werk konnte einst nur gegen eine Gebühr besichtigt werden, womit der Bau finanziert wurde. Heute steht das Gutenberg-Denkmal unter Denkmalschutz.

Äußerst repräsentativ

63

Drei-Kaiser-Bau
—> Kaiserstraße 7,
60311 Frankfurt

In der damals noch recht jungen Kaiserstraße entstand 1984 der Drei-Kaiser-Bau – ein äußerst repräsentatives Geschäftsgebäude auf den vormaligen Gartenflächen der Cronstett'schen Stiftung.

Der Standort entwickelte sich um die Zeit herum zur ersten Geschäftsadresse der Stadt, die Überbauung des Geländes sollte daher den wertvollen Platz möglichst vollständig ausnutzen. Aus diesem Grund wurde die Gebäudetiefe auf exakt 35 Meter festgesetzt, da erst bei einer über diese Länge hinausgehenden Gebäudetiefe die Baubehörde eine Einfahrt forderte.

Der Gebäudekomplex bestand aus drei Gebäuden, die durch Brandmauern voneinander getrennt waren, sich jedoch zur Straße hin eine gemeinsame Fassade teilten. Zwei der Gebäude hatten den gleichen Grundriss; das mittlere Gebäude trug ursprünglich eine heute nicht mehr existierende Kuppel mit Laterne. Alle drei Dachgeschosse waren als Foto- sowie Malerateliers geplant. Überlebensgroße Figuren am Gebäude stellten Handel, Schifffahrt, Kunst und Gewerbe dar.

Im Zweiten Weltkrieg brannte das Dach aus, der Wiederaufbau begann ab 1952. Hierbei wurde ein weiteres Stockwerk eingezogen, das Dach sowie die Fassade vereinfacht wiederhergestellt.

Diese ziert heute schlichte Schmuckelemente, doch immerhin auch vier skulpturenbesetzte Frontsäulen vor dem dritten und vierten Obergeschoss. Anstelle der Kuppel mit Laterne erhielt das fünfte Obergeschoss eine durchgehende Fensterfront zur Kaiserstraße und ein Flachdach. Und auch heute noch wird das Gebäude gewerblich genutzt.

ca. 1898

ca. 1952

Meisterwerk der ersten Nachkriegsjahre

64

Junior-Haus
—> Kaiserstraße 19–21,
60311 Frankfurt

In unmittelbarer Nähe zum Frankfurter Hof und unweit des Roßmarkts gelegen wurde auf den Flächen eines ehemaligen Cafés, das bei den Luftangriffen im Zweiten Weltkrieg zerstört wurde, das sogenannte Junior-Haus erbaut.

Die markante Bauweise des neunstöckigen Baus sticht bis heute hervor. Das Junior-Haus mit seinem runden, gläsernen Treppenhaus, das im spitzen Winkel links und rechts symmetrisch von Bürotrakten begleitet wird, gilt als eines der bedeutendsten Gebäude der frühen Wiederaufbauzeit und entstand bereits 1951.

Der Architekt des rund 35 Meter hohen Gebäudes war Wilhelm Berentzen, der sich ebenso für ein anderes wichtiges Nachkriegsgebäude der Frankfurter Innenstadt verantwortlich zeichnete – das 2005 abgerissene Rundschau-Haus.

Im Junior-Haus mietete über Jahrzehnte hinweg der Automobilhersteller Mercedes-Benz repräsentative Ausstellungsräume an; noch heute ziert ein großer Mercedes-Stern das Dach des Gebäudes.

Und heute? Das nach seinem Bauherrn Kurt Junior benannte Haus ist inzwischen nach dem Hessischen Denkmalschutzgesetz sogar ein Kulturdenkmal.

Made in Nordkorea

65

Märchenbrunnen
—> Willy-Brandt-Platz,
60311 Frankfurt

Am Rande des Schauspielhauses steht der Märchenbrunnen – made in Nordkorea.

Aber fangen wir vorne an: Der Märchenbrunnen entstand durch Anregung sowie Unterstützung des Kunstmäzens Leo Gans. Gans war in Frankfurt als Chemiker und Unternehmer bekannt und ebenso für seine Verdienste als Förderer von Wissenschaft und Kunst. 1928 wurde er dafür mit der Ehrenbürgerwürde Frankfurts ausgezeichnet.

Der Städel-Professor und Bildhauer Friedrich Christoph Hausmann war es schließlich, der 1906 den Auftrag erhielt, eine Nymphe als Brunnenfigur zu gestalten. Und dafür gab es sogar ein reales Modell! Bei einem Besuch in Niederrad fiel ihm nämlich in einem Haus der stadtbekannten Brüder Carl und Arthur von Weinberg eine dort beschäftigte junge Wäscherin auf – die 19-jährige Margarete Endres.

Nach reichlicher Verspätung durch den Bau des Bismarck-Denkmals wurde der Märchenbrunnen 1910 endlich eingeweiht. Am Sockel des acht Meter hohen Brunnens spielten kleine wasserspeiende Fabelwesen, Fische und Echsen aus Bronze lagen der Nymphe zu Füßen. Der grottenähnliche Brunnen wurde von einer gemauerten Halbschale eingerahmt.

Nachdem die Bronzefiguren im Zweiten Weltkrieg eingeschmolzen und lange Zeit nicht ersetzt wurden, verlegte man 2005 deren Rekonstruktion anhand von Fotografien aus der Vorkriegszeit schließlich nach

ca. 1918

Nordkorea. Wie es dazu kam? Die Kontakte wurden im Vorfeld der Frankfurter Buchmesse 2004 geknüpft, um Nordkorea zur Teilnahme an der Messe zu bewegen und den Reformprozess des sozialistischen Landes zu bestärken – eine bis heute in Frankfurt umstrittene Entscheidung.

ca. 1964

66

Ein Bau, der die Stimmung kippen ließ

Zürich-Haus

—> Bockenheimer Landstraße 2–4,
60306 Frankfurt

Das, was heute als Zürich-Haus bekannt ist, war eigentlich vielmehr ein über 19 Stockwerke hoher Turm inklusive Tiefgarage, dessen Pläne erstmals 1958 der Öffentlichkeit vorgestellt wurden. Kaum waren die Pläne öffentlich, ging es ein Jahr später auch schon mit den Bauarbeiten auf den Flächen des Rothschildparks los.

Ein markantes Element war die sogenannte »Vorhangfassade«, die später für reichlich Ärger sorgen sollte. Denn die Angestellten der Zurich-Versicherung beschwerten sich in den warmen Monaten über eine sich immer weiter aufwärmende Bürosituation und im Winter war es – gelinde gesagt – oftmals schweinekalt.

Doch abseits davon gab es allerlei technische Neuheiten der damaligen Zeit zu bestaunen, wie zum Beispiel eine Druckerhöhungsanlage für Trink- und Löschwasser oder eine automatische Beleuchtung der Fluchtwege. Die meisten werden jedoch von den automatisch gesteuerten Aufzügen begeistert gewesen sein, die eine stolze Geschwindigkeit von drei Metern pro Stunde erreichen konnten.

Am 28. Mai 1962 wurde der Bau feierlich eröffnet – mit viel Prominenz aus Politik und Wirtschaft. Doch die Freude währte nicht lange, denn die Fertigstellung des Zürich-Hauses leitete letztendlich auch den Frankfurter Häuserkampf ein – die kritischste Phase in der Frankfurter Stadtentwicklung. Das Westend sollte zum neuen Erweiterungsgebiet der beengten Innenstadt werden – es kam zu Bauspekulationen, Hausbesetzungen und heftigen Diskussionen.

Doch all das ist lange her – und auch das Zürich-Haus ist schon jahrzehntelang aus dem Stadtbild verschwunden. 2002 kam es zum Abriss, in den Jahren danach zum Bau des noch vielfach größeren Opernturms, der 2009 fertiggestellt wurde.

Trotz Baustopp verschwunden

67

Ulrichstein
—> Schaumainkai,
60596 Frankfurt

ca. 1860

Der Ulrichstein in Sachsenhausen war vermutlich zunächst ein privater Zollturm; als Erbauer gelten entweder der damalige Reichsschultheiß von Frankfurt, Ulrich III. von Hanau, oder Ulrich I. von Münzenberg.

Nachdem Frankfurt 1372 unter dem Politiker Siegfried zum Paradies die Pfandrechte am Schultheißenamt abgelöst hatte und damit zur Freien Reichsstadt geworden war, hatte Frankfurt vermutlich den

Ulrichstein erworben und in die Sachsenhäuser Stadtmauer eingegliedert.

1635 wurde der Ulrichstein stark beschädigt, doch die Ruine blieb auch nach dem Abriss der Sachsenhäuser Stadtmauer noch erhalten. Seitdem kontrollierte unter anderem eine neue Toranlage aus zwei kleineren Häusern, einem Wachlokal und einem Zollhaus den Zugang zur Stadt.

Bis 1864 wurden die Tore zur Stadt nachts noch verschlossen, doch durch die zunehmende Ausdehnung der Stadt verloren die Wachlokale ihre Funktion, weswegen sie Ende des 19. Jahrhunderts abgerissen wurden. Als Wahrzeichen am Sachsenhäuser Ufer blieb die Ruine jedoch erhalten und wurde 1897 restauriert. In den 1920er Jahren geriet der Ulrichstein in den Fokus der Stadtplaner. Diese planten nach dem Neubau der Alten Brücke unter anderem den Bau eines Hochkais westlich der Brücke.

Obwohl der Magistrat und der preußische Landeskonservator sich für den Erhalt der Ruine ausgesprochen hatten, ließ das Tiefbauamt die Ruine am 10. März 1930 abreißen. Selbst ein von Oberbürgermeister Ludwig Landmann angeordneter sofortiger Baustopp konnte daran nichts mehr ändern.

Kein Bau war größer!

68

AEG-Hochhaus
—> Theodor-Stern-Kai 1, 60596 Frankfurt

Kaum zu glauben, aber das AEG-Hochhaus war mit seinen 43 Metern einst das höchste Hochhaus der Stadt! Es befand sich am Theodor-Stern-Kai und wurde zwischen 1949 und 1951 errichtet. Damit galt der Bau als erstes Bürohochhaus nach dem Zweiten Weltkrieg.

Spätestens nach der Berlin-Blockade in den Jahren 1948 und 1949 war eine Teilung Deutschlands abzusehen. Dabei sah sich Frankfurt als Favorit im Wettbewerb um den Sitz der Bundesregierung und warb damit, dass Frankfurt eine lange Historie als Krönungsstadt der römisch-deutschen Kaiser aufzuweisen hatte.

Zudem ließ die Stadt verlauten, dass ca. 90 Prozent der für einen Regierungssitz benötigten Gebäude schon bestünden. Für 135 Millionen DM waren unter anderem ein Plenarsaal sowie 64.000 Quadratmeter Bürofläche für die Ministerien errichtet worden. Unter diesen Rahmenbedingungen wurde auch mit der Realisierung des damals noch »Hochhaus Süd« genannten Bauwerks begonnen, das als möglicher Sitz des Bundesarbeitsministeriums vorgesehen war.

Doch nachdem 1949 Bonn zum Sitz der Bundesregierung gewählt wurde, zog unter anderem die AEG in den Bau ein. In der Folgezeit erwarb man anliegende Flächen und baute das Haus den Bedürfnissen entsprechend um.

Mit Übernahme der AEG durch die Daimler-Benz AG wurde das Hochhaus jedoch aufgegeben und an die Allianz verkauft. Diese ließ 1999 das AEG-Hochhaus abreißen und durch einen Neubau ersetzen.

1950er Jahre

Woher kommt der Name?

69

Affentor
—> Affentorplatz 2,
60594 Frankfurt

Ab Ende des 14. Jahrhunderts wurde Sachsenhausen mit einer Stadtmauer umgeben und im südlichen Bereich mit einem neuen Stadttor versehen – dem sogenannten Affentor. Der Straßenzug führte von hier zur Alten Brücke und schließlich weiter in Richtung Frankfurter Altstadt.

Bei der Belagerung Frankfurts Mitte des 16. Jahrhunderts, während des Fürstenaufstands, erlitt Sachsenhausen erhebliche Schäden – und auch das Affentor wurde immens beschädigt; anschließend erfolgte die Wiederherstellung.

Zu Beginn des 19. Jahrhunderts waren die Anlagen der Stadtbefestigung obsolet geworden; die Mauer wurde geschleift und viele Bauten, wie auch das Affentor, abgerissen. An seiner Stelle errichtete der Frankfurter Stadtbaumeister Johann Friedrich Christian Hess um 1810 klassizistische Affentorhäuser als Zoll- und Wachlokale. Die Affentorhäuser überdauerten die Zeiten und stehen heute unter Denkmalschutz. Seit 2001 nutzt der Frankfurter Caritasverband die Räumlichkeiten.

Doch was hat es mit der Bezeichnung als Affentor auf sich? Das ist schwer zu beantworten, denn Affen hat es hier wohl eher nicht gegeben, es gibt aber viele Theorien: So lautet eine Frankfurter Sage, dass der Gründungsvater der Stadt, Karl der Große, hier auf der Flucht vor den Sachsen das Ave Maria angestimmt habe, was sich in den Jahren vielleicht fälschlicherweise mündlich als »Affe« weitergetragen hat. Das Tor könnte aber auch nach dem Ziel-

ca. 1798

ort der vom Tor ausgehenden Landstraße abgeleitet sein – Offenbach und Aschaffenburg sind jeweils nicht weit entfernt. Final geklärt ist all das jedoch nicht.

ca. 1900

Der Frankfurter Lokalbahnhof war zwischen 1848 und 1955 Teil der Lokalbahn zwischen Frankfurt und Offenbach und wurde in den Jahren zwischen 1843 und 1846 als deren Endhaltestelle errichtet. Der Name des Bahnhofs wechselte häufiger. 1876 hieß er Offenbacher Bahnhof, ab 1900 Sachsenhausen-Lokalbahn, zwischen 1910 und 1920 Frankfurt (M-Lokalbahnhof)-Offenbach und ab 1920 schließlich Frankfurt (M-Lokalbahnhof).

Verschwunden und wiederauferstanden

70

Lokalbahnhof Sachsenhausen
—> Darmstädter Landstraße,
60594 Frankfurt

Die Bahnhofsanlage wurde zunächst an die Main-Neckar-Bahn vermietet, kam es doch bei der Betriebsaufnahme der Lokalbahn Frankfurt-Offenbach zunächst zu technischen Schwierigkeiten. Die Main-Neckar-Bahn nutzte den Bahnhof, bis die Main-Neckar-Brücke, die heutige Friedensbrücke, zum damaligen Main-Neckar-Bahnhof auf den Flächen des heutigen Bahnhofsviertels fertiggestellt war.

Ab dem 9. März 1848 fuhren die ersten planmäßigen Züge zwischen Offenbach und Sachsenhausen. Bis 1875 fuhren diese auch ins anschließende Netz weiter in Richtung Main-Neckar-Bahnhof. Mit der Fertigstellung der neuen Bahnstrecke Frankfurt-Bebra änderte sich dies. Der Lokalbahnhof wurde zur lokalen Achse zwischen Sachsenhausen und Offenbach.

1944 zerstört, wurde der Bahnhof danach wiederaufgebaut. Doch die Strecke wurde mit der Zeit immer unrentabler. Zum einen durch die Bebraer Bahnstrecke, zum anderen aber auch durch die neuen Straßenbahnen. So wurde der Betrieb im Oktober 1955 stillgelegt.

Im Sommer 1956 wurde das Empfangsgebäude weitgehend abgebrochen. 1970 wurde die Fläche mit einem Hochhaus bebaut. Seit 1990 existiert südlicher eine S-Bahn-Station gleichen Namens.

Speisen über der Stadt

71

Henninger Turm
—> Hainer Weg,
60599 Frankfurt

Nach zweijähriger Bauzeit war der rund 120 Meter hohe Henninger Turm in Sachsenhausen am 18. Mai 1961 offiziell fertiggestellt. Und galt bis zur Eröffnung des Selmi-Hochhauses (des heutigen City-Hauses I) 1974 sogar noch als höchstes Gebäude der Stadt und als erster Bau, der den Frankfurter Dom überragte. Seit 1959 wurde das Ensemble aus Silo und aufgesetztem Aussichtsturm errichtet.

Während sich in den Kellergeschossen Maschinen- und Vorratsräume befanden, so waren in den Geschossen darüber unter anderem Speicherzellen für Gerste und Malz angelegt. Auf dem Silo befanden sich zwei markante Aussichtsplattformen mit einem sensationellen Blick weit über Frankfurt hinaus.

Doch im Laufe der Zeit änderte sich das Aussehen; statt bloßer Aussichtsplattform wurde hier im 28. Stock ein Drehrestaurant errichtet – eine Stunde dauerte es, bis sich das Restaurant einmal um seine eigene Achse gedreht hatte. Im 21. Obergeschoss existierten zudem unter anderem eine Tanzfläche und Wasserspiele.

Ab 2002 war der Aussichtsturm für den Besucherverkehr geschlossen, da dieser über keinen zweiten Fluchtweg

ca. 2007/2017

verfügte. 2013 erfolgte schließlich der Abriss des Henninger Turms. An seine Stelle rückte der Neue Henninger Turm – ein Wohnhochhaus, das aber immerhin an die ehemalige Bauweise angelehnt ist.

vor 1902

Die Sachsenhäuser Warte ist einer von mehreren historischen Warttürmen auf den heutigen Flächen der Stadt Frankfurt und war einst der südlichste Turm der im 14. Jahrhundert errichteten Frankfurter

Jahrhundertealte Geschichte

72

Sachsenhäuser Warte
—> Darmstädter Landstraße 279, 60598 Frankfurt

Landwehr; schon mehrfach wurde die Warte zerstört.

Zunächst befand sich ein hölzerner Beobachtungsturm auf dem Mühlberg, der 1414 durch eine neue, steinerne Warte auf dem höher gelegenen Sachsenhäuser Berg ersetzt wurde. Allerdings wurde diese schon im Jahre 1416 im Auftrag des Trierer Erzbischofs Werner von Falkenstein zerstört, da von Falkenstein der Meinung war, die Warte liege auf dem Gebiet des Wildbann Dreieich.

Unter militärischer Bewachung und dank eines Schutzbriefes von Kaiser Friedrich III. konnte zwischen 1470 und 1471 auf dem höchsten Punkt der nach Süden führenden Straße eine neue Warte gebaut werden.

Zweimal stand die Sachsenhäuser Warte im Zentrum von Auseinandersetzungen: Die Fehde der Stadt Frankfurt mit Franz von Sickingen im Jahre 1519 überstand sie unbeschädigt. Doch 1552 zeigte sich bei einem weiteren Angriff während der Belagerung Frankfurts im Fürstenkrieg, dass die Sachsenhäuser Warte und auch die gesamte übrige Landwehr großen Heeren nicht gewachsen waren. Markgraf Albrecht Alcibiades von Brandenburg zerstörte die Sachsenhäuser Warte schließlich.

Doch auch diesmal wurde sie wiederaufgebaut und blieb bis heute erhalten. 2024 wird sie großflächig saniert und die bereits vorhandenen Gastronomieflächen werden erweitert werden.

73 Ein wichtiges Denkmal

Goetheturm
—> Am Goetheturm,
60599 Frankfurt

Der Goetheturm in Sachsenhausen ist nicht nur eines der beliebtesten Ausflugsziele der Stadt, auch ein Blick auf die Geschichte des über 40 Meter hohen Bauwerks ist spannend.

Bereits seit 1867 existierte an gleicher Stelle ein Vorgängerbau, der allerdings nur etwas über 22 Meter hoch war und zudem aus Holz bestanden haben soll. Nach dem Ersten Weltkrieg zeichnete sich jedoch immer mehr die mangelhafte Bausubstanz ab, der Turm wurde abgerissen. Erst 1931 kam es zum Ersatz und noch im November desselben Jahres fand ein großes Eröffnungsfest statt – kurz vor dem Goethe-Jahr 1932, zum 100. Todestag des berühmten Frankfurters.

Der neue Goetheturm war über die nachfolgenden Jahrzehnte enorm beliebt und wurde seit den 1980er Jahren mit dem Goetheturmfest auch ausgiebig gefeiert. Doch Freud und Leid liegen nah beieinander.

Am 12. Oktober 2017 gingen Notrufe bei Polizei und Feuerwehr ein. Der Goetheturm stehe in Flammen! Nach Eintreffen der Feuerwehr entschied diese sich aufgrund des fortgeschrittenen Brandes dafür, den Goetheturm kontrolliert abbrennen zu lassen.

Schnell war klar: Der Goetheturm soll wiederaufgebaut werden! Und auch bei öffentlichen Befragungen sprachen sich 78 Prozent für eine originalgetreue Rekonstruktion aus. Der Wiederaufbau begann rund zwei Jahre nach der Brandkatastrophe und seit Anfang April 2021 steht er wieder – der dritte Goetheturm, an Ort und Stelle.

2015/2020

Im 18. Jahrhundert begann die Frankfurter Oberschicht, am Frankfurter Mühlberg im Stadtteil Sachsenhausen Grundbesitz zu erwerben. Unbestritten bot die Erhebung damals einen fantastischen Blick auf die Stadt bis hin zum in der Ferne liegenden Taunus. Landwohnsitze und Gartenhäuser wurden errichtet, so auch das sogenannte Willemer-Häuschen, das vom Bankier und Autor Johann Jakob

Goethes Inspirationsquelle

74

Willemer-Häuschen
—> Hühnerweg 74,
60599 Frankfurt

von Willemer erstanden und um 1809 zur Sommerresidenz umgebaut wurde.

Hier kam es schließlich sogar zu einer bedeutenden Begegnung zwischen Johann Wolfgang von Goethe und seinen Freunden Jakob und Marianne von Willemer im Herbst des Jahres 1814. Vom Landwohnsitz der von Willemers aus bestaunten sie das Freudenfeuer auf dem Kamm des Taunus, das anlässlich des Jahrestages der Völkerschlacht bei Leipzig stattgefunden hatte.

Goethe vermerkte später dazu: »[…] Da vergegenwärtigte ich mir die Freunde und die über Frankfurts Panorame so zierlich aufpunktierten Flämmchen, und zwar um so mehr, als es gerade Vollmond war, vor dessen Angesicht Liebende sich jedesmal in unverbrüchlicher Neigung gestärkt fühlen sollen.«

Und der Dichter schien sich wohlzufühlen im Willemer-Häuschen, sind hier doch ein Jahr nach dem Freudenfeuer Teile seines Werkes »West-östlicher Divan« entstanden; zudem beinhaltet das Werk anonym verfasste Gedichte von Marianne von Willemer.

Doch auch am Mühlberg ist der Zweite Weltkrieg nicht spurlos vorbeigegangen: Das Bauwerk wurde bis auf die Grundmauern zerstört. Knapp 20 Jahre später, ab 1962, folgte schließlich der Wiederaufbau des Gartenhauses mit seiner einmaligen Architektur. Das Gelände ist zeitweise in den wärmeren Monaten zugänglich.

Privat und öffentlich

75

Rothschildpark
—> Reuterweg 14,
60323 Frankfurt

Anfang des 19. Jahrhunderts erwarb Amschel Mayer Rothschild ein Landhaus mit Grundstück – gut gelegen an der heutigen Bockenheimer Landstraße. Kurze Zeit später entstand als neuer Stadtteil in der umliegenden Gegend das Westend.

Die Rothschilds ließen das Landhaus zunächst zu einem Palais und später zu einer Art Landschloss ausbauen – aus der Gartenanlage wurde im Zuge dessen ein wunderschöner Englischer Landschaftsgarten samt Zierturm, Weiher, Gewächshaus und Orangerie.

Wenn wir nun ins Jahr 1938 springen, erfahren wir, dass die damalige nationalsozialistische Stadtverwaltung die Rothschilds dazu zwang, das Areal weit unter Wert an die Stadt zu verkaufen. Der bereits 95-jährige Besitzer Maximilian von Goldschmidt-Rothschild durfte fortan nur noch eine kleine Wohnung im Landschloss bewohnen.

Nach seinem Tod wurde das Areal als Wöhlerpark öffentlich zugänglich gemacht. Doch wie so vieles in Frankfurt, wurde auch dieses Areal im Zweiten Weltkrieg weitestgehend zerstört; heute existiert nur noch der Zierturm.

In der Nachkriegszeit kappte die Stadt dem Park Flächen ab: Das Amerika-Haus, das SGZ-Rathaus und das einstige Zürich-Haus (heutiger Opernturm) entstanden darauf.

An das im Krieg zerstörte Rothschild-Palais erinnern heute nur noch ein Denkmal sowie eine Sandstein-Stele mit Wappen aus dem Jahr 1878.

1864

ca. 1936

Ein Pferdestall inmitten der Stadt

Livingstonscher Pferdestall
—> Ulmenstraße 20,
60325 Frankfurt

76

Der bei Idstein geborene Marx Löwenstein wanderte um 1846 nach Amerika aus und wollte am kalifornischen Goldrausch jener Zeit mitverdienen – was er auch tat. Den Gewinn investierte er wiederum in Immobilien in San Francisco und erwirtschaftete so ein Vermögen.

Als Multimillionär kam er mit seiner Familie zurück nach Deutschland, fand in Bockenheim sein neues Zuhause und ließ unweit davon um 1880 für Kutschen, Pferde und Fuhrpersonal den sogenannten Livingstonschen Pferdestall errichten. Spannend: Aus Raumknappheit wurden die Kutschen im ersten Obergeschoss mittels eines Aufzugs untergebracht.

Herausstechend ist aber auch die Dachlandschaft mit Pferdebüste, Firstgitter, Skulpturenschmuck und Uhrtürmchen. Eine Atlasfigur ziert die Hausecke Ulmenstraße/Kettenhofweg.

Nach dem Zweiten Weltkrieg waren im Gebäude zunächst ein Kabarett und ein Warenlager untergebracht. 1971 erwarb eine Immobiliengruppe das Haus, das nur durch den Einsatz von Bürgerinitiativen vor dem endgültigen Verfall bewahrt werden konnte. Heute wird das Gebäude unter anderem für Veranstaltungen genutzt.

Eine spannende Straße

77

Westendstraße

—> Westendstraße, 60325 Frankfurt

Die Westendstraße ist einer der spannendsten Straßenzüge in Frankfurt: Denn sie ist nicht nur geprägt durch den architektonischen Kontrast aus gründerzeitlichen Altbauten – viele sogar unter Denkmalschutz – und moderner Wohnhaus-Architektur des 21. Jahrhunderts, sondern auch durch Menschen, die sich in Frankfurts Geschichte einen Namen machten.

Zu ihnen zählt der Arzt und Nobelpreisträger Paul Ehrlich (1854–1915), der in einer klassizistischen Villa in der Hausnummer 62 wohnte. Aber auch der einstige Direktor des Instituts für Sozialforschung und führende Kopf der Frankfurter Schule: Max Horkheimer (1895–1973), der in der Westendstraße 79 lebte. Zudem erinnern vor mehreren Häusern Stolpersteine an die in der Zeit des Nationalsozialismus verschleppten und ermordeten Bewohner. Einer davon befindet sich vor dem Haus Nr. 92. Hier wohnte der Dermatologe und Mitbegründer der Universität Karl Herxheimer, der gemeinsam mit seiner Lebensgefährtin 1942 nach Theresienstadt deportiert und dort ermordet wurde.

Die Straße selbst entstand ab 1850 nach Inbetriebnahme des Main-Weser-Bahnhofs auf den heutigen Flächen des Bahnhofsviertels. Als markantestes Gebäude der Westendstraße gilt der Westend-Tower: ein 208 Meter hoher Wolkenkratzer an der Ecke zur Mainzer Landstraße. Der Bau wurde 1993 fertiggestellt und dient als Zentrale der DZ Bank.

ca. 1942

Aber auch das Chemag-Haus aus den 1950er Jahren ist bekannt – ein Bau im Stil der Nachkriegsmoderne, der schon 1986 unter Denkmalschutz gestellt wurde. Einst Verwaltungssitz eines ehemals großen deutschen Produzenten von Rohöl und Erdgas, wird das Gebäude heute von verschiedenen Unternehmen genutzt.

ca. 1911

Die einzig verbliebene

78

Westend-Synagoge
—> Freiherr-vom-Stein-Straße 30, 60323 Frankfurt

Von den einst vier großen Synagogen der Stadt ist die Westend-Synagoge die einzig verbliebene, noch heute dient sie als geistliches Zentrum der jüdischen Gemeinde. Kurios ist hier vor allem die Entstehungsgeschichte: Denn der Architekt der zwischen 1908–1920 errichteten Synagoge ist Franz Roeckle gewesen, der 1932 Mitglied der NSDAP wurde.

Die Westend-Synagoge wurde im Jugendstil mit assyrisch-ägyptischen Anklängen erbaut. Die Sitzreihen waren zwar nach Geschlechtern getrennt, doch anders als bei orthodoxen Synagogen, bei denen Frauen nur Zutritt zur Empore hatten, war der Innenraum für die Geschlechter gleichermaßen zugänglich und bot Platz für über 1.200 Menschen. In den Nebengebäuden wurden Verwaltungsräume eingerichtet, auch gab es Rabbinerwohnungen und Schulsäle.

Im November 1938 wurde die Westend-Synagoge ebenso wie die anderen drei Synagogen angegriffen – doch überstand sie die Angriffe der Nationalsozialisten. Was vor allem daran lag, dass bei diesem Brand die Feuerwehr diesmal nicht tatenlos zusah. Es entstand zwar ein hoher Schaden, doch der Bau blieb weitestgehend intakt.

Im weiteren Verlauf des Nationalsozialismus wurde die Synagoge zeitweise als Möbellager sowie als Kulissenlager für die Oper Frankfurt zweckentfremdet. Bei Luftangriffen im März 1944 kam es zu größeren Schäden, doch auch diese überstand sie – und wurde am 6. September 1950 wieder eingeweiht.

Quer durch die Stadt 79

Senckenberg-Eibe
—> Siesmayerstraße 63,
60323 Frankfurt

ca. 1907

1766 erwarb der Naturforscher und Arzt Johann Christian Senckenberg ein großes Gelände in unmittelbarer Nähe zum Eschenheimer Turm. In der Folgezeit entstanden dort unter anderem das Bürgerhospital und der Botanische Garten. Ein markantes Merkmal des großen Areals: eine alte Eibe! Schon damals ging man davon aus, dass sie um die 150 Jahre auf dem Buckel hat.

1907 wurde das prominente Gelände verkauft. Die Senckenberg-Bauten zogen um – und die Eibe gleich mit! Die Idee: Die sogenannte »Senckenberg-Eibe« sollte ihren Platz im neuen Botanischen Garten nördlich des Palmengartens finden. Doch um die Verpflanzung der Eibe überhaupt zu ermöglichen, musste bereits drei Jahre zuvor damit begonnen werden, durch die Ziehung eines Grabens den Wurzelraum zu beschränken und eine Wurzelbildung in der bei der Verpflanzung mitzunehmenden Erde sicherzustellen.

Im Frühjahr 1907 stieg die Spannung ins Unermessliche – der Umzug stand an! Zunächst wurde der Erdballen der Eibe mit einem Holzkasten umgeben und auf Rollen gelagert.

Anschließend wurde die etwa 45 Tonnen schwere Konstruktion im Mai und Juni von zwei Dampfwalzen gezogen, über etwa 3,5 Kilometer an ihren neuen Standort transportiert und dort wieder eingepflanzt. Der ungewöhnliche Umzug war ein großes Spektakel; viele Menschen säumten den Weg.

Und heute? Mit ihren vermutlich mehr als 400 Jahren hat sie verständlicherweise an Vitalität verloren. Doch sie steht noch immer – mittlerweile aber im Palmengarten, denn der Botanische Garten wurde in den 1960er Jahren in diesen integriert.

Hier wurde Alzheimer entdeckt

80

Anstalt für Irre und Epileptische
—> Norbert-Wollheim-Platz 1,
60323 Frankfurt

Ein Blick in die Archive offenbart, dass es auf dem Areal immer wieder zu bedeutenden Meilensteinen der Geschichte kam. So wurde hier bis 1864 die Anstalt für Irre und Epileptische erbaut, die als hochmoderner Bau und auch als revolutionär galt. Denn anders als bisher wurden psychisch kranke Menschen in einer medizinischen Anstalt untergebracht, die sich durch Höfe und Gärten auszeichnete, Fenster waren nicht mit Gittern versehen. Eine wunderschöne Landschaft sollte sich positiv auf den Krankheitsverlauf auswirken. Initiator und erster Direktor der Anstalt war Heinrich Hoffmann, der Autor des Buches »Struwwelpeter«.

Einer der dort behandelnden Ärzte, Alois Alzheimer, lernte im Jahr 1901 die 51-jährige Auguste Deter kennen, deren Gemütszustand sich innerhalb kürzester Zeit stark verändert hatte. Symptome wie Aufdringlichkeit und das Scheitern an kleinsten Erledigungen kannte er bisher nur von älteren Patientinnen und Patienten, was ihn neugierig machte. Nach ih-

rem Tod untersuchte er ihr Gehirn und stellte schließlich auf einer Fachtagung ein neuartiges Krankheitsbild vor: die Alzheimer'sche-Krankheit.

Die Anstalt selbst wurde, nachdem sie nicht mehr den Anforderungen des 20. Jahrhunderts entsprach, im Jahr 1928 abgerissen. Es folgte zunächst der Bau der I.G. Farben-Zentrale. Anfang der 2000er wurde der Vorschlag, dort die Goethe-Universität unterzubringen, zuerst als Schnapsidee abgetan. Doch nachdem ebenfalls verworfen wurde, das Areal als zukünftigen Sitz der Europäischen Zentralbank oder als Polizeipräsidium zu nutzen, kam es schließlich doch zum Bau des heutigen Campus Westend.

1906

Die Bockenheimer Warte im Westend

Bockenheimer Warte
—> Bockenheimer Warte, 60325 Frankfurt

81

Der Bau gilt als Wahrzeichen Bockenheims – steht aber tatsächlich einige Meter daneben, im Westend. Aber von vorne!

Zwischen 1434 und 1435 wird die Bockenheimer Warte einige Meter von der Bockenheimer Gemarkung entfernt zur Verstärkung der Landwehr errichtet; noch heute besticht der markante Bau durch seinen gotischen Stil. Unmittelbar westlich des Turms verlief bis 1866 die Grenze zwischen der einst Freien Stadt Frankfurt und der Stadt Bockenheim, die lange Zeit zum Kurfürstentum Hessen gehörte.

Hauptaufgaben der Warte waren der Schutz der an dieser Stelle das Frankfurter Territorium verlassenden Handelsstraße nach Köln als eine Art Grenzübergangsstelle sowie das frühzeitige Entdecken sich nähernder Feinde.

Heute existiert allerdings nicht mehr viel vom früheren Anlagekomplex der Bockenheimer Warte. Über die Zeit sind der dazugehörige Wehrhof, Gräben und weitere Befestigungen darum herum verschwunden. Bedeutend ist sie dennoch: Das Hessische Denkmalschutzgesetz deklariert sie als Kulturdenkmal. Die damals um die Warte unbebauten Flächen wurden im Laufe der Zeit schließlich dem Westend zugeschlagen.

Erst Jahrhunderte später für alle zugänglich

82

Günthersburgpark
—> Günthersburgpark,
60389 Frankfurt

Heute zählt der Günthersburgpark zu den beliebtesten Naherholungsgebieten der Stadt. Zugänglich für jeden, der mag. Doch bis es so weit kommen sollte, vergingen Jahrhunderte.

1189 wird der Ort erstmals urkundlich als »Ossenau« erwähnt; das Gelände wechselte mehrfach den Besitzer. Aus dem Jahr 1194 ist eine Bornburg bekannt; unklar ist allerdings, ob diese aus einem befestigten Gutshof oder einer Wasserburg bestand.

In der Zeit Ende des 15. Jahrhunderts, in der Johann von Glauburg zu Lichtenstein Eigentümer war, wurde die Bornburg zum Glauburger Hof. Nach 1690 wurde daraus die »Günthersburg« nach ihrem nächsten Besitzer: Johann Jakob Günther.

Der Bau soll aus einem mehrstöckigen Haus mit breitem Wassergraben bestanden haben. Es gab einen freistehenden Turm und eine Wehrmauer mit Schießscharten. Zwischenzeitlich wurde die Anlage als Lazarett für preußische Verwundete genutzt.

Noch im selben Jahrhundert sollte das Areal seinen größten Wandel erleben, als in den 1820er Jahren die Rothschilds in seinen Besitz kamen. Die Burg wurde abgerissen, einige Jahre später erfolgte die Anlage großzügiger Rasenflächen.

ca. 1855

1855 ließ einer der Rothschild-Sprösslinge, Mayer Carl von Rothschild, die Villa Günthersburg sowie eine Orangerie und ein Teehäuschen erbauen. Mit seinem Tod im Jahr 1886 vermachte er das weitläufige Anwesen der Stadt – mit Bedingungen.

Seine Villa Günthersburg solle abgerissen, das Anwesen öffentlich zugänglich gemacht werden – und genau so kam es. Am 26. Juni 1892 öffnete der Günthersburg genannte Volkspark erstmals seine Tore. Und ist bis heute ein Erfolg – mit stetig wachsenden Flächen.

ca. 1902

Am 9. Juli 1771 legte der Arzt Johann Christian Senckenberg den Grundstein für das Bürgerhospital, das erstmals ortsansässige Bürgerinnen und Bürger behandelte; zuvor mussten sich Kranke zu Hause ärztlich behandeln lassen. Der Standort war ein anderer als der gegenwärtige und befand sich an der heutigen Stiftstraße, nur wenige Meter vom Eschenheimer Turm entfernt.

Senckenberg selbst sollte die Eröffnung seines Krankenhauses nicht mehr miterleben; bei einem Besuch der Baustelle zum Bürgerhospital am 15. Novem-

Den Kranken »ihre verlorene Gesundheit wieder herzustellen«

Bürgerhospital
—> Bleichstraße, 60313 Frankfurt (alter Standort),
Nibelungenallee 37,
60318 Frankfurt (neuer Standort)

83

ber 1772 stürzte er von einem Baugerüst und starb.

Allen Ärzten wurde ein wichtiger Vertragspassus vorgesetzt, in dem es hieß, dass sie die Aufgabe hatten, den Kranken »ihre verlorene Gesundheit wieder herzustellen«. Bereits schnell setzte ein entsprechender Erfolg ein: Fast ein Drittel der Patienten konnte im ersten Jahr nach der Eröffnung 1778 als geheilt entlassen werden.

Zu Beginn des 20. Jahrhunderts kam es zu einem Geländetausch mit der Stadt, die an der bisherigen Stelle des Bürgerhospitals Wohn- und Geschäftshäuser errichten wollte. Ein Neubau für das Krankenhaus wurde im Nordend realisiert – unter Einbezug großer Teile der bisherigen Fassade. Auch die sterblichen Überreste Senckenbergs wurden umgebettet.

Nach den Luftangriffen wiederhergestellt, erlebte das Bürgerhospital in den Jahrzehnten danach immer wieder verschiedene Modernisierungsmaßnahmen und zählt so auch heute noch, knapp 250 Jahre nach Eröffnung, zu den wichtigsten Krankenhäusern der Stadt.

Gegen die Sterblichkeitsrate

84

Milchkuranstalt
—> Nibelungenplatz 3, 60318 Frankfurt

Auf ärztlichen Rat hin wurde 1877 die Milchkuranstalt errichtet. Das hatte damals triftige Gründe, denn der schlechte Gesundheitszustand und die Sterblichkeitsrate bei Kindern, die in Städten mit Kuhmilch aufgezogen wurden, waren hoch.

Eine solche Anstalt sollte nun mit genau festgelegten und regelmäßig überprüften Hygienevorschriften dagegen ankämpfen.

Die Kühe stammten aus der Schweiz und wurden vom Leiter der Milchkuranstalt persönlich ausgewählt. Doch die Tiere blieben nie länger als eineinhalb Jahre in Frankfurt: Da man annahm, dass die Kühe in der unnatürlichen Umgebung in der Stadt krank werden würden, ließ man sie nur einmal abmelken und verkaufte sie danach weiter an Schlachter.

Die von den Kühen gewonnene Milch wurde in sauber gehaltene, weiße Glasflaschen gefüllt und konnte direkt bei der Anstalt oder in Apotheken erworben werden. Ein ertragreiches Geschäft – doch der Erfolg freute nicht jeden. Mit der Nachbarschaft soll es regelmäßig Streit gegeben haben, ging doch die Kuhhaltung mit einer gewissen Fliegenplage einher.

Wann genau die Milchkuranstalt geschlossen wurde, das ist allerdings nicht bekannt. Nach dem Zweiten Weltkrieg entstand an der Stelle die Hauptverwaltung eines Großkonzerns: Das nach ihm benannte Shell-Hochhaus ist, heute bekannt als City-Gate.

1877

Viel blieb nicht übrig vom einstigen Anwesen der angesehenen Frankfurter Patrizierfamilie Holzhausen. Das ursprünglich Holdhausen Oed genannte Areal im heutigen Westend war fast 30 Hektar groß. Markantestes Objekt damals wie heute: ein in einem Weiher stehendes Gebäude.

Früher viel größer

85

Holzhausenpark
—> Adolph-von-Holzhausen-Park,
60322 Frankfurt

Das bestand ursprünglich mal aus einer Wasserburg, deren Fundamente 1729 beim Bau des bis heute bekannten Holzhausenschlösschens verwendet wurden. Der Rest des Geländes wurde seit dem Mittelalter überwiegend landwirtschaftlich genutzt.

Doch während der Gründerzeitphase ab ungefähr 1870 verlor die Oed Hektar für Hektar. Anstelle von weitläufigen Grünflächen wurden Wohnhäuser errichtet; viele davon stehen noch immer – und zählen heute wie damals zu den begehrten Immobilien.

Und auch ein schmiedeeisernes Tor am Rande des Oeder Wegs zeugt von der einstigen Größe des Areals. Im 18. Jahrhundert angefertigt, war es Teil der Umfassung der Holzhausen Oed; heute verläuft von hier bis zum Holzhausenpark eine von Kastanienbäumen gesäumte Allee.

Diese wurde um 1910 angelegt, in der Zeit kam es auch zur Umgestaltung des Parks selbst: Er wandelte sich zu einem Landschaftsgarten englischen Stils. So wurde beispielsweise auch der Burgweiher des kleinen Schlösschens verkleinert.

Als letzter Eigentümer galt Adolph von Holzhausen, er schenkte das Anwesen der Stadt Frankfurt, seit ca. 1913 ist der Park für die Öffentlichkeit zugänglich und dient seither als wichtiges Naherholungsgebiet. Im Holzhausenschlösschen finden hingegen seitdem regelmäßig verschiedenste öffentliche Veranstaltungen statt.

86 Bevor es in Wohnhäusern Duschen gab

Merianbad
—> Merianstraße 1–3,
60316 Frankfurt

Kaum zu glauben, dass sich in den historischen Räumlichkeiten, in denen heute das Restaurant Kupferstecher untergebracht ist, einst eine Badeanstalt befand – das Merianbad.

Das Merianbad, das erste seiner Art in Frankfurt, war ein städtisches Badehaus an der Berger Straße im Nordend. Vorbild für den Bau war ein Modell des auf Hygiene spezialisierten Mediziners Oskar Lassar. 1888 schenkte der Frankfurter Theodor Stern der Stadt ein Duschhaus für die damals schnell wachsenden Wohnviertel rund um die Frankfurter Wallanlagen. Denn damals war es alles andere als üblich, in der eigenen Wohnung Duschen einzubauen.

Das Gebäude bot neben einem Kassenbereich Platz für 14 Duschzellen, vier für Frauen und zehn für Männer. In der Gebäudemitte stand eingelassen der Heizkessel zur Warmwasserbereitung. Darüber befanden sich Trockenräume und in der Laterne über dem Zeltdach der Raum für ein Warmwasser-Reservoir.

Die Baukosten betrugen 18.600 Mark, der Eintritt zehn Pfennig pro Brausebad. Anfangs besuchten täglich bis zu 200 Personen das Volksbad. Doch da nach und nach in den meisten Haushalten vermehrt eigene Duschen vorhanden waren, sank die Zahl der Nutzenden stetig.

Waren selbst 1981 noch 61.000 Personen gezählt worden, so waren diese Zahlen bis 2000 stark gesunken – auf gerade einmal 40 pro Monat. Nach der Schließung Anfang der

unbekannt

2000er Jahre wurde der unter Denkmalschutz stehende Bau zur Gastronomie umfunktioniert. Kurios: Eine Auflage des Liegenschaftsamtes der Stadt war es allerdings, weiterhin öffentliche Duschen zur Verfügung zu stellen, auch wenn diese – wenig überraschend – kaum genutzt werden.

ca. 1912

Der neobarocke Fürstenhof, erbaut 1902, markierte eines der letzten großen Neubauprojekte des damals noch jungen Bahnhofsviertels und war für seine Zeit äußerst modern ausgestattet. Ein Luxushotel schlechthin: außen gekrönt von mehreren Kuppeln, innen mit 120 Zimmern – so-

Ein letztes großes Neubauprojekt

87

Fürstenhof
—> Kaiserstraße 35,
60329 Frankfurt

gar Zimmertelefone mit elektrischen Uhren gab es dort! Auch der Brandschutz wurde großgeschrieben, Doppeltüren und feuersichere Wände bezeugen das.

Doch wirklich erfolgreich war das Hotel eines Schweizers nicht. Bereits 1910 wurde der Hotelbetrieb eingestellt. Als möglicher Grund wurde damals die »weite« Entfernung zum Hauptbahnhof angeführt, wo sich bereits mehrere andere Luxushotels befanden, die Lage am Rand der Innenstadt soll gegenüber traditionellen Häusern wie dem Frankfurter Hof ebenso nachteilig gewesen sein.

Ab 1914 wurde das ehemalige Hotel zu einem Geschäftshaus umgebaut. Während des Zweiten Weltkriegs wurde das Gebäude erheblich beschädigt und im Nachkriegsfrankfurt provisorisch nutzbar gemacht. Anschließend beherbergte der ehemalige Fürstenhof zunächst den Bundesrechnungshof, 1956 das Autobahnamt.

In den 1980er Jahren wurde der Gebäudekomplex radikal saniert. Bis auf Fassade, Vorhalle und Treppenhaus wurde die ursprüngliche Bausubstanz entfernt. Dies stieß in Teilen der Öffentlichkeit auf Kritik, fand aber mit Zustimmung der Denkmalschutzbehörden statt.

Nachdem in den Jahrzehnten danach lange verschiedene Bankunternehmen ihren Sitz im Fürstenhof hatten, soll dieser in den kommenden Jahren auf den modernsten Stand gebracht werden – wofür immerhin ein dreistelliger Millionenbetrag veranschlagt wurde.

88 Eine Tragödie

Neues Theater
—> Mainzer Landstraße/Karlstraße, 60329 Frankfurt

Am 11. September 1911 nahm das von Arthur Hellmer und Max Reimann gegründete Neue Theater seinen Spielbetrieb auf, was nur durch großzügige Spenden aus der Frankfurter Bevölkerung realisiert wurde.

In den 1920er Jahren entwickelte sich das Theater zu einer der innovativsten und erfolgreichsten deutschen Bühnen, an der zahlreiche Uraufführungen stattfanden. Die zudem oftmals ausverkauft waren – und das bei immerhin 770 Plätzen! Mehr als 900 Premieren wurden hier inszeniert. Zum Ensemble zählten vor allem Debütanten.

Als Träger des Neuen Theaters fungierte eine private Aktiengesellschaft. Es kam ohne Zuschüsse aus, deshalb konnte es sogar nach der Machtergreifung im Jahr 1933 zunächst seine Unabhängigkeit bewahren.

Während die Städtischen Bühnen nach ihrer Gleichschaltung unter dem von den NS-Machthabern eingesetzten neuen Intendanten Hans Meissner einen Einbruch der Zuschauerzahlen verzeichneten und auf hohe städtische Subventionen angewiesen waren, blieb das Neue Theater mit einer Auslastung von 90 Prozent erfolgreich.

Da hier allerdings verbotene Stücke gespielt wurden, forderte Meissner die Auflösung des Theaters. 1935 wurde die Leitung für fünf Jahre an die Städtischen Bühnen übertragen – und schnell kam es auch hier zum Zuschauerschwund.

Und die Tragödie nahm weiter ihren Lauf: Das Neue Theater wurde 1944 durch die Luftangriffe zerstört, die Ruinen abgerissen. Heute befindet sich auf dem Grundstück der Sitz des Verbandes der Chemischen Industrie – ein Verwaltungsbau.

ca. 1910

ca. 1905

Für die damals enorm hohe Summe von vier Millionen Mark begannen am 20. September 1904 die Bauarbeiten am Albert-Schumann-Theater, das im Jugendstil auf freiem Feld schräg gegenüber des Frankfurter Hauptbahnhofes errichtet wurde.

Der Erfolg schien sicher: Bereits ab 1893 gastierte die treibende Kraft hinter dem Vorha-

Große Erfolge und hohe Gagen

89

Albert-Schumann-Theater
—> Am Hauptbahnhof 16, 60329 Frankfurt

ben, der Zirkusdirektor Albert Schumann, immer wieder in Frankfurt und ließ sich im damals noch weitgehend unbebauten Bahnhofsviertel einen provisorischen Bau errichten – und begeisterte die Frankfurter Bevölkerung mit einem Mix aus Varieté, Operette und Zirkus.

Im Dezember 1905 konnte das neue Theater eröffnen und wartete mit modernster Technik auf. 4.500 Menschen hatten Platz, der Bau galt als zweiter fester Zirkusbau nach dem Berliner Circus Renz. Unter der knapp 30 Meter hohen Kuppel traten Hochseilartisten auf; in den Kellergewölben erstreckte sich ein knapp 150 Meter langer Biertunnel.

Seine größte Blütezeit erlebte das Schumanntheater vor allem in den 1920er Jahren – und schüttete hohe Gagen an die namhaften Künstler aus aller Welt aus: Immerhin 15.000 Mark sollen es zwischenzeitlich gewesen sein.

Bei den Luftangriffen im Zweiten Weltkrieg wurden der Zuschauerraum und die Bühne zerstört. Ab 1945 beschlagnahmte die US-Armee den Bau, die die Restaurants des Theaters für Freizeitaktivitäten nutzte.

Zwischenzeitliche Wiederaufbaupläne wurden zwar diskutiert, doch die wirtschaftlichen Aussichten für einen Erfolg galten inzwischen alles andere als sicher. Schließlich erfolgte 1960 der Abriss mit anschließender Neubebauung; heute existiert anstelle des Prachtbaus lediglich ein Geschäftshaus.

90 Im Stadtbild nicht mehr zu erkennen

Hanauer Bahnhof in Frankfurt
—> Röderbergweg, 60314 Frankfurt

Inmitten von Frankfurt stand wahrhaftig der sogenannte Hanauer Bahnhof. Errichtet wurde dieser zwischen 1848 und 1913 als Start- und Endpunkt für die Strecke zwischen Hanau und Frankfurt – daher auch der Name – und lag unweit des Frankfurter Zoos zwischen der Hanauer Landstraße und dem Röderbergweg.

Beide Straßen trafen am Bahnhof zusammen und bildeten so einen kleinen Bahnhofsvorplatz. Der Bahnhof selbst bestand aus einer dreigleisigen Anlage, mit je einem Gleis für hier startende und endende Züge. Ein mittig gelegenes Gleis wurde zum Rangieren genutzt. Das Bahnhofsgebäude war schlicht gehalten.

An der Nordseite fanden sich Abstellanlagen für Fahrzeuge und Werkstätten sowie einige Güterhallen; südlich grenzte der Güterbahnhof an. Die Bahnstrecke Hanau – Frankfurt endete zunächst am Hanauer Bahnhof. Reisende, die weiter in Richtung der Westbahnhöfe reisen wollten, mussten auf Pferdedroschken umsteigen.

Erst ab 1859 ermöglichte die Städtische Verbindungsbahn den durchgehenden Zugverkehr bis zu den Westbahnhöfen. Die Verbindung verlief südlich am Hanauer Bahnhof vorbei und entlang des Mains.

Ab 1875 wurde der Hanauer Bahnhof von der Pferdebahn bedient, dies erleichterte das Umsteigen oder das Erreichen innerstädtischer Ziele enorm. Seit 1899 fuhr die Elektrische Straßenbahn vom Hanauer Bahnhof zum neu eröffneten

ca. 1900

Frankfurter Hauptbahnhof. Mit der Fertigstellung des neuen Frankfurter Ostbahnhofs wurde die Strecke über diesen Bahnhof abgewickelt, der Hanauer Bahnhof anschließend niedergelegt und mit Wohnhäusern neu überbaut. Wie so oft, lässt sich auch hier inzwischen kaum mehr erahnen, dass an Ort und Stelle einst Züge durchfuhren.

um 1913

Am 10. März 1913 wurde der Frankfurter Ostbahnhof errichtet, der den bisherigen Hanauer Bahnhof zwischen Röderbergweg und Hanauer Landstraße ablöste.

Neben dem Personenverkehr wickelte der offiziell als Frankfurt (Main) Ost bezeichnete Bau auch den Güterverkehr ab.

Ein Unterschied wie Tag und Nacht

91

Ostbahnhof
—> Ostbahnhof,
60314 Frankfurt

Bei den Luftangriffen im Zweiten Weltkrieg wurde das Empfangsgebäude zerstört; in der Folgezeit kam es zum Abriss der Überreste. Als Ersatz diente zunächst ein provisorischer Flachbau, der zu Beginn der 1960er Jahre durch einen nüchternen Zweckbau ersetzt wurde. Anstelle des vormals großen, einladenden Platzes mit Gebäude und Haupthalle wurde ein »abweisender« Riegel vor die Gleisanlagen gesetzt. Im Kellergeschoss wurde eine Kegelbahn betrieben, zudem gab es einen Schnellimbiss.

Bis Anfang der 1990er Jahre war der Ostbahnhof ein wichtiger Bahnhof für die US-amerikanischen Streitkräfte. Ihre Militärzüge fuhren von hier aus u.a. nach Berlin und waren, wenn nicht im Gebrauch, hier im Gleisvorfeld abgestellt. Bis 1993 wurde der Ostbahnhof durch die Straßenbahnlinie 11 direkt angefahren. Im Mai 1999 wurde der U-Bahnhof Ostbahnhof mit der Linie U6 in Betrieb genommen. Dabei wurde erstmals in Frankfurt ein U-Bahnhof mit Tageslichteinfall errichtet.

In den letzten Jahren verwahrloste der Zweckbau zunehmend; im Laufe der Zeit musste eine Stahlkonstruktion das Gebäude vor dem Einsturz bewahren. 2023 erfolgte der Abriss – der Ostbahnhof soll in den nächsten Jahren jedoch ein neues Aussehen erhalten.

92 Schon immer viel los

Ostpark
—> Ostparkstraße,
60385 Frankfurt

Der Ostpark gilt heute als zweitgrößter Park der Stadt; eröffnet 1911 und gedacht für die Industriearbeiter im Bereich der Hanauer Landstraße sowie für die Bewohner der neuen Siedlung am Bornheimer Hang.

Zwischen 1907 und 1911 entstand die Anlage des neuen Parks. Bestandteil war auch ein Schulgarten, um Schülerinnen und Schülern Kräuter und Zierpflanzen näherzubringen. Der Park beheimatete verschiedene Gebäude – unter anderem Toiletten, Umkleide- sowie Aufbewahrungsräume. Diese Bauten wurden jedoch bei den Luftangriffen im Zweiten Weltkrieg zerstört.

Der zum Wasserabfüllen gedachte, 1925 erbaute Trinkbrunnen ist hingegen bis heute erhalten geblieben. Zwischen 1928 und 1931 wurde zudem eine Unterstandshalle mit einem Trinkbrunnen errichtet, um den Betrieb eines festinstallierten Planschbeckens für Kinder sicherzustellen.

1956 erfolgte der Bau einer Tretrollerbahn, heute befindet sich hier ein Kinderspielplatz. In den 1960er Jahren existierte zudem eine Minigolfanlage; die 1970er Jahre des Parks waren geprägt von mehreren Freiluftkonzerten und einem heute nicht mehr existierenden Wasserspielplatz.

1981 und 1982 wurde die Unterstandshalle renoviert, das Planschbecken aufgegeben. Aus Mangel an schulischer Nachfrage wurde ab 1981 der Schulgarten zum Bürgergarten umgewidmet.

Ein Highlight im Park gab es im September 1985, als an-

ca. 1909

lässlich des 200. Jubiläums des ersten Ballonstarts von Jean-Pierre Blanchard auf der Bornheimer Heide ein Wettbewerb von 32 mit Wasserstoff gefüllten Gasballons dort startete.

In den letzten Jahren wurden die Parkwege renoviert, baufällige Gebäude abgerissen und durch Neubauten ersetzt – sodass der Ostpark auch heute noch nach wie vor eines der wichtigsten Naherholungsgebiete im Viertel ist.

ca. 1907

Zwischen 1904 und 1907 entstand in Bockenheim das Jügelhaus, das gemeinsam mit dem anschließenden Senckenbergischen Baukomplex als »Akademie für Handels- und Sozial-

Anspruch eines Universitätsbaus

Jügelhaus
—> Mertonstraße 17,
60325 Frankfurt

93

wissenschaften« diente. Wie so oft geht auch hier die Bezeichnung als Jügelhaus auf den Stifter zurück: in diesem Fall Carl Christian Jügel, der nach seinem Tod ein Stiftungsvermögen von rund zwei Millionen Mark hinterließ.

Im Inneren befanden sich zehn Hörsäle mit bis zu 250 Plätzen, verschiedene Sitzungs- und Lesesäle und eine Aula mit 600 Sitzplätzen. Außerdem waren Seminar-, Aufenthalts- und Sprechräume im Gebäude untergebracht. Im östlichen Teil des Gebäudes befand sich die Senckenberg-Bibliothek mit bis zu 40.000 Bänden.

Noch während der Konzeptionsphase des Baus erhob das Vorhaben den Anspruch eines Universitätsbaus. 1914 ging die Akademie schließlich in der neuen Universität auf – die heute als Goethe-Uni bekannt ist.

Nach dem Zweiten Weltkrieg diente das Jügelhaus zudem als Ort für öffentliche Ereignisse wie die Amtseinführung des Oberbürgermeisters Walter Kolb. In den 1960er Jahren wurde der Baukomplex ausgebaut, das Jügelhaus beheimatete zu dieser Zeit vor allem den Fachbereich Wirtschaftswissenschaften.

Knapp einhundert Jahre wurde das Haus schließlich von der Goethe-Universität genutzt; seit 2012 gehört es zur Senckenberg Gesellschaft für Naturforschung, wurde zwischen 2014 und 2018 saniert und dient heute als Forschungsgebäude.

Eine Straße mit Suchspiel 94

Leipziger Straße
—> Leipziger Straße,
60487 Frankfurt

Heute ist die Leipziger Straße in Bockenheim die zentrale Geschäfts- und Wohnstraße des Stadtviertels, das 1895 in die Stadt Frankfurt eingemeindet wurde – doch damit einher ging eine kuriose Änderung, die auch auf der Leipziger Straße spürbar war. Das schauen wir uns an!

Zum einen kam es zur Umbenennung der 800 Meter langen Meile selbst – denn ursprünglich hieß sie Frankfurter Straße. Zum anderen änderte sich aber auch das Hausnummern-System nach 1895. Wurden die Hausnummern bisher vom Zentrum Bockenheims bis zum damaligen Stadtrand hochgezählt, wurden sie anschließend plötzlich aufsteigend vom Frankfurter Stadtzentrum aus vergeben.

Kommen wir zur Straße selbst. Von oben gesehen ist die Leipziger Straße keine gerade Meile, sie läuft von der Adalbertstraße in Höhe der Bockenheimer Warte in nordwestlicher Richtung leicht gekrümmt, und das hat einen spannenden Grund: Der Baugrund unter der Straße ist teils von starken Wasseradern durchzogen und nicht so basalthaltig wie in Richtung der nordöstlich davon gelegenen Sophienstraße. Daher musste das Gelände rund um die im Volksmund schlicht »Leipziger« genannte Straße trockengelegt werden – dazu gehört auch der Kurfürstenplatz, ein ehemaliges sumpfiges Gebiet.

Ein weiteres prägendes Merkmal war bis Mai 1965 die Frankfurter Straßenbahn. Heute erinnern an diese Zeiten nur noch vereinzelte Oberleitungsrosetten an Altbauten – ein kleines Suchspiel bietet die Leipziger also auch noch!

ca. 1901

Apropos Altbauten: Die Straße ist uneinheitlich bebaut. Es finden sich hier zwar noch einige ältere Bauten, doch haben nur wenige historische Häuser den Zweiten Weltkrieg überstanden. Die Baulücken wurden in den Nachkriegsjahren lediglich mit schlicht gehaltenen Zweckbauten gefüllt.

ca. 1888

Der Bau des Frankfurter Hauptbahnhofs stellte Ende des 19. Jahrhunderts einen wichtigen Meilenstein in der Stadtentwicklung Frankfurts dar. Waren ursprünglich 34 Bahnsteiggleise geplant, wurden »nur« 18 davon realisiert – zu groß und komplex schienen die ursprünglichen Pläne.

Meilenstein in der Stadtentwicklung

95

Hauptbahnhof
—> Am Hauptbahnhof,
60329 Frankfurt

Mit dem neuen »Centralbahnhof«, wie der Hauptbahnhof ursprünglich bezeichnet wurde, sollte die Post- und Güterabfertigung vom Personenverkehr getrennt werden. So entstand zeitgleich der nahegelegene Hauptgüterbahnhof, der bereits in den 1990er Jahren abgerissen und unter anderem mit dem Europaviertel neubebaut wurde.

Doch die Erfolgsgeschichte des Hauptbahnhofs geht bis heute weiter. Mit der Eröffnung am 18. August 1888 konnte nach nur fünf Jahren Bauzeit der neue Bahnhof eingeweiht werden, der bis zum Bau des Leipziger Hauptbahnhofs im Jahr 1915 sogar der größte Bahnhof in Europa war.

Der erste Unfall ereignete sich übrigens am Abend des Eröffnungstages, als ein Zug nicht rechtzeitig zum Stehen kam und über das Ziel hinausschoss. Weitere solcher Vorfälle folgten.

Der Blick in die Geschichte des Hauptbahnhofs ist enorm spannend: In den Jahrzehnten danach gab es immer wieder Erweiterungen des Bahnhofs, so unter anderem in den 1920er Jahren. Bei den Luftangriffen im Zweiten Weltkrieg wurde der Bau beschädigt, danach wieder instand gesetzt und 1956 schließlich komplett elektrifiziert. Ende der 1970er Jahre wurde die B-Ebene eröffnet. Auch für die Zukunft ist eine weitere Entwicklung des Hauptbahnhofs angedacht. Denn heute wie damals stellt er einen wichtigen Mobilitätsanker Frankfurts dar.

ca. 1856

Die im 14. Jahrhundert errichtete Frankfurter Landwehr, die Teil der Stadtbefestigung war, besaß mehrere Warttürme. Und einer davon befindet sich noch heute im Gallus – die Galluswarte.

Doch so hieß sie allerdings nicht immer: Bereits vor diesem Bau gab es einen hölzernen Befestigungsturm, der den Namen »Warte zu den guten Leuten« trug. Der Name bezog sich auf eine Bruderschaft, die im nahe gelegenen (heutigen) Gutleutviertel eine Leprastation im Gutleuthof betrieb.

1414 wurde die hölzerne Variante schließlich durch den noch heute existierenden Steinturm ersetzt und zunächst noch als Galgenwarte bezeichnet. Denn nahe gelegen war eben auch das sogenannte »Galgenfeld« auf den Flächen des heutigen Bahnhofsviertels. Hier wurde – wie sich unschwer vermuten lässt – gerichtet.

Zu Beginn des 20. Jahrhunderts erfolgte dann die Umbenennung – denn an die Zeit der öffentlichen Hinrichtungen wollte man damals nicht mehr erinnern.

Was diese mit der Kanalisation zu tun hat

96

Galluswarte
—> Galluswarte,
60327 Frankfurt

Die fortan als Galluswarte bezeichnete Anlage wurde im 20. Jahrhundert allerdings eher stiefmütterlich behandelt. Drum herum wurde die vielbefahrene Mainzer Landstraße ausgebaut; der Turm selbst wurde als Entlüftungsschacht für die Kanalisation benötigt.

Mittlerweile hat sich die Situation jedoch wieder verbessert: Heute ist die Galluswarte ein prägendes, stolzes Objekt des Gallus geworden.

97

Eine Kirche im Wandel der Zeit

Matthäuskirche
—> Friedrich-Ebert-Anlage 33, 60327 Frankfurt

Zwischen 1903 und 1905 wurde im Gallus die Matthäuskirche errichtet – günstig gelegen zwischen der Messe und dem Hauptbahnhof. Nach den Luftangriffen im Zweiten Weltkrieg war der Bau mit rund 1.250 Sitzplätzen die größte evangelische Kirche der Stadt, doch im Zuge des Strukturwandels in den Wohngebieten in der umliegenden Gegend sank die Zahl der Gemeindemitglieder von mehr als 12.000 in den 1960er Jahren auf weniger als 2.000 in den 1990ern.

Bereits in den 1970er Jahren wurde der Kirchenraum halbiert, die restlichen Flächen für einen Kinderhort umgewandelt. 1997 strich der Evangelische Regionalverband die Matthäuskirche von der Liste der dauerhaft zu unterhaltenden Kirchengebäude. Die für 600 Personen ausgelegte Kirche besuchten zuletzt pro Gottesdienst nur noch um die drei bis 30 Gläubige.

2002 wurden der Abriss des Gebäudes und der Verkauf beschlossen. Doch zunächst wurden keine Interessenten gefunden, die den erwarteten Preis von 35 Millionen Euro zahlen

ca. 1905

wollten. Zudem wurden die Abrisspläne kritisch gesehen: Die Gemeinde wollte ihr Kirchengebäude und den dortigen Kindergarten nicht aufgeben und klagte deshalb vor dem Kirchengericht, das allerdings eine Entscheidung vertagte, da keine konkreten Verkaufsverhandlungen geführt wurden.

In den Jahren danach kam es zu einem Kompromiss, sodass bei einer Neubebauung Teile des Areals erhalten bleiben sollen. Realisiert werden soll das Bauvorhaben in den kommenden Jahren.

ca. 1910–1925

Als »Bornheim Mitte« bekannt

98

Ein Platz ohne Namen
—> Berger Straße,
60385 Frankfurt

Die Berger Straße, sie zählt mit ihrer Länge von knapp drei Kilometern als längste Einkaufsstraße Frankfurts und ist auch weit über die Grenzen der Stadt bekannt. Ein markanter Platz der Meile, das ist Bornheim Mitte – auf dem unter anderem zwei Mal wöchentlich der lokale Wochenmarkt stattfindet und der ansonsten von den Außenplätzen zahlreicher Gastronomiebetriebe geprägt wird.

Doch was nur die wenigsten wissen: Die Bezeichnung als Bornheim Mitte ist eigentlich falsch. Denn die bezieht sich offiziell nur auf die unterirdisch verlaufende U-Bahn-Station, die zu Beginn der 1980er Jahre errichtet wurde.

Im Zuge dessen wurde der oberirdische Platz verkehrsberuhigt, zuvor fuhren hier Straßenbahnen und Pkw entlang – heute kaum noch vorstellbar. Bei der Neugestaltung des Areals wurde übrigens auch ein Brunnen installiert; doch der erinnerte viele eher an ein Urinal und wurde spöttisch begutachtet. Anklang in der Bevölkerung fand er also nie.

So gründete sich ein lokaler Bürgerverein, der sich mit Erfolg für einen neuen Brunnen einsetzte – den sogenannten »Reichsdorf Bornheim Brunnen«, der an die Anfänge des Frankfurter Stadtteils erinnert und seit 2022 als wichtiger Trinkwasserbrunnen im Stadtgebiet fungiert.

Ein Wachturm für Frankfurt

99

Friedberger Warte
—> Friedberger Landstraße 414,
60389 Frankfurt

Die Friedberger Warte ist einer von vier Warttürmen der im 14. Jahrhundert errichteten Frankfurter Landwehr, der sich noch heute im Norden Frankfurt-Bornheims befindet und einen Vorgängerbau von 1350 ablöste.

Markant ist vor allem die Bauweise, die aus einem rechteckigen Wehrhof und dem schlank gehaltenen Wehr- und Wachturm besteht; auf der Westseite befand sich das Wachhaus mit Küche und Brunnenstube.

Doch tatsächlich wurde die Warte nur ein einziges Mal Schauplatz einer militärischen Auseinandersetzung, als während des schmalkaldischen Krieges die Frankfurter hier im Jahr 1546 kaiserliche Truppen abwehrten.

Während des Dreißigjährigen Kriegs 1634 wurden Turm und Wehrhof in Brand gesetzt; der Wiederaufbau erfolgte ab 1637. Im Anschluss änderte sich deren Funktion und die Warte diente von da an als Zollstation sowie als Brandwache der Feuerwehr.

1796 ließ der französische General Jean-Baptiste Kléber von der Friedberger Warte aus Frankfurt beschießen. Dabei wurde auch die Pappelallee der Bornheimer Heide, des späteren Nordends, zerstört.

Rund 20 Jahre später, seit 1815 bis in die Gegenwart hinein, befindet sich hier nun ein beliebtes Apfelweinlokal. Was vermutlich die wenigsten wissen: Der Turm dient seit 1885 zudem als Belüftungsschacht der Kanalisation.

1902

Dass die Friedberger Warte heute so schön am Wegesrand liegt, war jedoch nicht immer so – einige werden sich noch erinnern. Bis in die jüngste Vergangenheit hin lag sie nämlich in der Mitte eines Kreisverkehrs. Doch dies war aus städtebaulicher Sicht so unbefriedigend, dass die Situation im Zuge von Bauarbeiten an der nahe gelegenen Straßenbahnlinie ab 2011 verbessert wurde.

1902

Mitte des 16. Jahrhunderts entstand die heute denkmalgeschützte Berger Warte – ein knapp zwölf Meter hoher Wartturm mit kreisrundem Grundriss. Sein Standort befindet sich an der höchsten Stelle des heutigen Seckbachs an der Grenze zu Bergen-Enkheim.

Geleit in die Stadt

100

Berger Warte

—> Berger Warte,
60389 Frankfurt

Im Gegensatz zu den anderen heute noch vorhandenen Warten der Stadt gehörte die Berger Warte nicht zum System der Frankfurter Landwehr, sondern diente als Beobachtungsposten sowie als Geleitwechselstation einer historischen Straße zwischen Frankfurt und der Ortschaft Bischofsheim. An der Warte begann bzw. endete der Geleitschutz, den die Stadt Frankfurt reisenden Händlern gewährte.

Ein kreisförmiger Wall mit einfachem Graben und auf dem aufgeworfenen Erdmaterial errichteten Holz-Palisaden umschloss den Turm in etwa zwölf Metern Entfernung. Der Eingang zum Turm befindet sich im ersten Stockwerk und war vor der Errichtung einer Zugangstreppe im 19. Jahrhundert nur über eine Leiter erreichbar, die im Krisenfall eingezogen werden konnte. Kurios: Die Steine, die für die Treppe verwendet wurden, waren einst Teil eines Galgens, denn in der Nähe befand sich eine Richtstätte.

Im Zweiten Weltkrieg wurde der Wartturm beschädigt, in den 1950er Jahren dann ausgebessert.

Gegenüber der Berger Warte liegt ein alter jüdischer Friedhof, der im 17. Jahrhundert angelegt und aus Kapazitätsgründen 1920 geschlossen wurde. Daher wurde 1925 für die jüdische Gemeinde ein neuer Friedhof auf dem Berger Rücken angelegt. Aus dieser Zeit bis 1936 sind heute jedoch nur noch zehn Grabsteine erhalten.

101

Erinnert an die alte Zeit

Der Höchster Zollturm

—> Schlossplatz,
65929 Frankfurt am Main

Der Zollturm mit dem Zolltor war einst Teil der Höchster Stadtbefestigung und stammt in seiner Grundstruktur aus der Mitte des 14. Jahrhunderts. Auffällig ist vor allem die fachwerkartige Holzkonstruktion auf der Nordseite, die als eine Art Stützvorrichtung fungiert, auf der das Gebäude ruht.

In seinem Ursprung diente der zweigeschossige Turm als Wohn- und Amtsgebäude des Zollaufsehers. Mit der Eingliederung Frankfurts und Höchsts 1866 nach Preußen ging die Liegenschaft an die preußische Finanzverwaltung über – Ende 1866 wurde der Mainzoll aufgehoben.

Im September 1870 erfolgte ein größerer Umbau im Inneren, bei dem der Turm auch seine heutige Dachform erhielt. Vorher noch als Wohnraum für ehemalige Zollbedienstete dienend, wurde er bis 1898 als Schulgebäude genutzt. Danach mietete der 1894 gegründete Verein für Geschichte und Altertumskunde Höchst den Zollturm als Vereinsgebäude und Archiv an; 1899 wurde dort das Heimatmuseum eröffnet. 1906 brach der Fußboden im ersten Stock des Turms wegen Überlastung zusammen.

Die Stadt Höchst übernahm die Liegenschaft für die Renovierungskosten von 2.000 Mark vom Regierungsbezirk Wiesbaden und stellte sie dem Verein zur Verfügung. 1928 ging der Zollturm in Frankfurter Besitz über, blieb aber weiterhin Höchster Heimatmuseum, bis

ca. 1901

dieses 1975 in seine neuen Räume ins Höchster Schloss zog.

1955 und 1979 erfolgten weitere Renovierungen des Turms, bei denen auch ältere unsachgemäße Umbauten beseitigt wurden. Seit 1980 dient der Zollturm dem Höchster Geschichtsverein als Büro, Archiv und Raum für Sonderausstellungen.

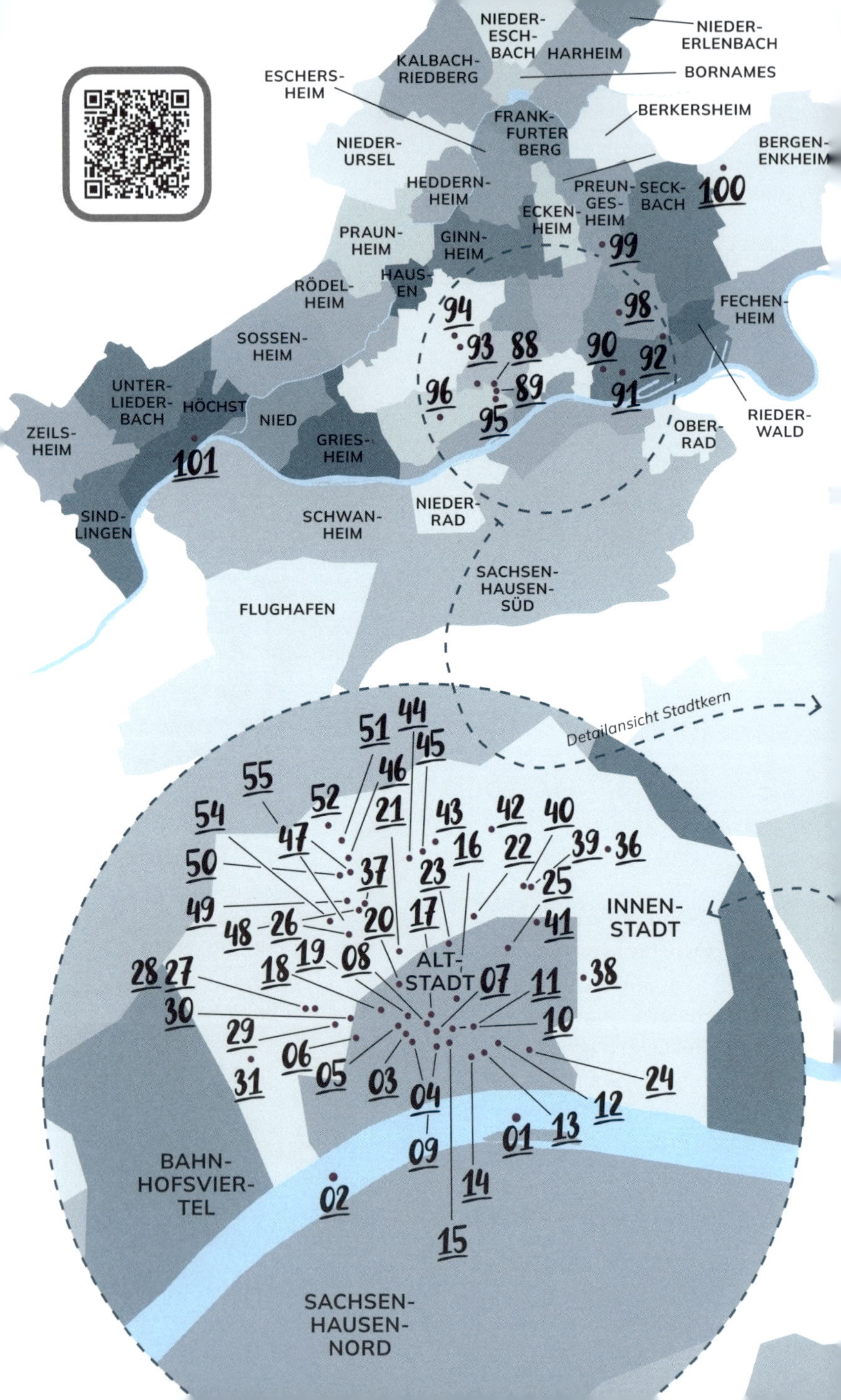
NIEDER-ESCH-BACH
NIEDER-ERLENBACH
KALBACH-RIEDBERG
HARHEIM
BORNAMES
ESCHERS-HEIM
BERKERSHEIM
FRANK-FURTER BERG
NIEDER-URSEL
BERGEN-ENKHEIM
HEDDERN-HEIM
PREUN-GES-HEIM
SECK-BACH
ECKEN-HEIM
PRAUN-HEIM
GINN-HEIM
HAUS-EN
RÖDEL-HEIM
FECHEN-HEIM
SOSSEN-HEIM
UNTER-LIEDER-BACH
HÖCHST
NIED
RIEDER-WALD
ZEILS-HEIM
GRIES-HEIM
OBER-RAD
SIND-LINGEN
NIEDER-RAD
SCHWAN-HEIM
SACHSEN-HAUSEN-SÜD
FLUGHAFEN
Detailansicht Stadtkern
INNEN-STADT
ALT-STADT
BAHN-HOFSVIER-TEL
SACHSEN-HAUSEN-NORD

Frankfurt

DORN-
BUSCH
NORDEND-
WEST
WEST-
END-
NORD
NORD-
END-
OST
BORN-
HEIM
BOCKEN-
HEIM
WESTEND-
SÜD
OSTEND
GALLUS
GUTLEUT-
VIERTEL
OBER-
RAD
SACHSEN-
HAUSEN-
NORD
NIEDER-
RAD
SACHSEN-
HAUSEN-
SÜD
83
82
84
79
80
85
81
86
75
53
78
56
61
59
57
66
62
77
76
58
33
63
60
34
97
64
32
87
35
67
69
65
70
68
71
74
72
73
Detailansicht Innenstadt

Der Autor

Mirco Becker, Jahrgang 1988, ist begeisterter Fan der Frankfurter Stadtgeschichte und betreibt auf Instagram den erfolgreichen Geschichts-Account »Damals in Frankfurt«, auf dem er Zehntausende Menschen mit der Geschichte der Mainmetropole begeistert. Der hauptberuflich als Unternehmensberater tätige Frankfurter ist bekannt für seine kreative Art und Weise des Geschichte-Erzählens.

Instagram Podcast

Jeden Tag ein Stück
Frankfurter Geschichte

Mirco Becker
Damals in Frankfurt
ISBN 978-3-95542-456-5
20,00 €

Danksagung

Ein solches Buch, wie das hier vorliegende, wäre nicht einfach dadurch entstanden, dass ich mich hingesetzt und alles, was ich weiß und recherchiert habe, runtergeschrieben hätte. Es ist vor allem Julia Lübbecke und Björn Lauer zu verdanken, die weit über ihre Rollenbeschreibungen hinaus wirken und mich jeden Tag aufs Neue beeindrucken. Ich bin so froh, euch zu kennen. Bruno Dorn, der nicht nur meine Texte in eine schöne Form gießt, sondern selbst losstiefelt und Fotos macht. Andrea Silberstein, die mit mir rätselt, wie wir das Buch der Öffentlichkeit präsentieren. Julia Desch, die dieses wunderschöne Cover gestaltet hat. Bianca Haag, die mir dieses Werk ermöglicht hat.

Doch mein größter Dank gilt euch – all den Menschen, die sich für Frankfurts Geschichte interessieren und diesem Buch und meiner Herangehensweise an Geschichte eine Chance geben. Ich hoffe, es gefällt euch.

Staatliche
Schlösser und Gärten
Hessen

Auf historischen Spuren
Schloss und Schlosspark
Bad Homburg

Das Residenzschloss entdecken

Ein Besuch im Schloss Bad Homburg verspricht eine Zeitreise durch mehrere Jahrhunderte: Rund 250 Jahre wurde es durch die Landgrafen von Hessen-Homburg geprägt, später war es ein Sommerdomizil der preußischen Könige und deutschen Kaiser. Genießen Sie vom Weißen Turm aus eine herrliche Fernsicht in den Taunus und das Rhein-Main-Gebiet, lustwandeln Sie im weitläufigen Schlosspark oder verweilen Sie bei kleinen Köstlichkeiten im Schlosscafé.

HESSEN

www.schloesser-hessen.de

BILDNACHWEIS

Institut für Stadtgeschichte Frankfurt am Main, Gottfried Vömel, CC BY-SA 4.0
S. 8 – S7Vö, 146, S. 14 – S7Vö, 2170, S. 21 – S7Vö, 849, S. 40 – S7Vö, 911, S. 44 – S7Vö, 804, S. 46 – S7Vö, 898, S. 60 – S7Vö, 729, S. 90 – S7Vö, 1095, S. 95 – S7Vö, 1298, S. 96 – S7Vö, 1280, S. 107 – S7Vö, 1020, S. 114 – S7Vö, 1125, S. 117 – S7Vö, 307, S. 137 – S7Vö, 220, S. 151 – S7Vö, 1402, S. 155 – S7Vö, 1448, S. 159 – S7Vö, 1699, S. 161 – S7Vö, 1702, S. 169 – S7Vö, 1748, S. 173 – S7Vö, 1021, S. 191 – S7Vö, 1664, S. 203 – S7Vö, 1775, S. 205 – S7Vö, 1714
S. 43 – DXR, CC BY-SA 4.0, https://commons.wikimedia.org/w/index.php?curid=94486087
S. 60 – Simsalabimbam, CC BY-SA 4.0, https://commons.wikimedia.org/w/index.php?curid=96214393
S. 65/67 – Centraldream, CC BY-SA 4.0, https://commons.wikimedia.org/w/index.php?curid=103012288
S. 86 – Michael König, CC BY-SA 3.0, https://commons.wikimedia.org/w/index.php?curid=6105566
S. 98 – TomAlt, CC BY-SA 3.0, https://commons.wikimedia.org/w/index.php?curid=717208 und Mylius, GFDL 1.2, https://commons.wikimedia.org/w/index.php?curid=14742345
S. 108 – Michael König, CC BY-SA 3.0, https://commons.wikimedia.org/w/index.php?curid=237604
S. 121 – Harald-Reportagen, CC BY-SA 4.0, https://commons.wikimedia.org/w/index.php?curid=58685414
S. 139 – Landesarchiv Baden-Württemberg, Abt. Staatsarchiv Freiburg, W 134 Nr. 070572b, CC BY 3.0 DE
S. 141 – Haselburg-müller, CC BY-SA 3.0, https://commons.wikimedia.org/w/index.php?curid=7334053
S. 143 – Harald-Reportagen, CC BY-SA 3.0, https://commons.wikimedia.org/w/index.php?curid=14980261
S. 148 – l, Dontworry, CC BY-SA 3.0, https://commons.wikimedia.org/w/index.php?curid=2347338 und Dontworry, CC BY-SA 4.0, https://commons.wikimedia.org/w/index.php?curid=60363035
S. 153 – Muck, CC BY-SA 4.0, https://commons.wikimedia.org/w/index.php?curid=41304834 und Maxymilian2804, CC BY-SA 4.0, https://commons.wikimedia.org/w/index.php?curid=94505504
S. 155 – Frank Behnsen, CC BY-SA 3.0, https://commons.wikimedia.org/w/index.php?curid=20217326
S. 157 – Nadi2018, CC BY-SA 4.0, https://commons.wikimedia.org/w/index.php?curid=107930443
S. 162 – Jüdisches Museum Frankfurt, CC-BY-SA 4.0 und Mylius, GFDL 1.2, https://commons.wikimedia.org/w/index.php?curid=18835985
S. 164 – Digiffm, CC BY-SA 4.0, https://commons.wikimedia.org/w/index.php?curid=49643210
S. 166 – Eva K., GFDL 1.2, https://commons.wikimedia.org/w/index.php?curid=7475533
Seite 173, Bürgerhospital: GeorgDerReisende – CC BY-SA 4.0 https://commons.wikimedia.org/w/index.php?curid=110912056
S. 178 – Bürgerverein und Förderkreis historisches Bornheim e.V.
Seite 197, Galluswarte: Metroskop, CC BY 3.0, https://commons.wikimedia.org/w/index.php?curid=30589058
S. 200 – Bürgerverein und Förderkreis historisches Bornheim e.V.
S. 202 – Simsalabimbam, CC BY-SA 4.0, https://commons.wikimedia.org/w/index.php?curid=40219812
S. 205 – Fernando Ferkelkraut, CC BY-SA 4.0, https://commons.wikimedia.org/w/index.php?curid=91372840
S. 207 – Eva K., GFDL 1.2, https://commons.wikimedia.org/w/index.php?curid=12439975
Björn Lauer – S. 54, 64, 74, 76
Bruno Dorn – S. 10, 22, 34, 46
Julia Lübbecke – S. 110, 198
Hilke Steinecke – S. 164